一 政 𝚌

JN044593

検証可能な
朝鮮半島非核化は
実現できるか

信山社ブックレット

は　し　が　き

　核兵器の拡散が国際安全保障上の重要課題になって久しい。なかでも，近年，耳目を集めるのが北朝鮮の核問題であることに異論のある向きは少ないだろう。2006年以降，間欠的に行われてきた北朝鮮の核実験やミサイル発射試験は，地理的に近接する日本にとっても無視できない，重大な安全保障上の脅威と見なされている。本来，北朝鮮は核兵器不拡散条約（NPT）上の非核兵器国であり，核兵器の保有は認められていない。

　そのため，1992年に朝鮮半島の非核化が韓国と北朝鮮で合意されて以来，1994年の米朝枠組み合意，2005年の六者会合での共同声明，さらには2006年の北朝鮮による第1回核実験に対する安保理決議第1718号などで，たびたび検証可能な非核化が求められてきた。しかし，目下のところ朝鮮半島南北首脳会談は頓挫し，六者会合は過去10年以上にわたり開催されておらず，米朝首脳会談の開催で一端は光明が見えたかにも思えたものの，当事者間の見解不一致から，肝心の非核化交渉は遅々として進んでいない。

　北朝鮮は2019年時点で，既に20〜30発程度と目される核兵器と大規模な弾道ミサイルを有する状況にある[1]。こうしたな

---

(1)　"Modernization of World Nuclear Forces Continues Despite Overall Decrease in Number of Warheads: New SIPRI Yearbook Out Now," Stockholm International Peace Research Institute, June 17, 2019.

か，朝鮮半島の非核化は果たして実現可能なのか。もし実現が可能だとすれば，どのような措置が必要で，またそれにはどのくらいの時間を要するのか。本書の目的はこうした疑問を念頭に，非核化の課題を極力，平易な言葉で解き明かすことにある。

　もちろん，朝鮮半島の非核化問題には既に四半世紀にわたって国際社会が取り組んでおり，多くの優れた研究もなされてきたが，今に至るまで誰もが同意できるような解決策は得られていない。また，非核化交渉の経緯は込み入っており，北朝鮮も「瀬戸際外交」と評されるとおり，危機的状況を作り出してはその姿勢を頻繁に変化させてきた。

　そこで，本書は特に合意遵守の検証という側面に注目し，朝鮮半島の非核化実現の見通しについて，最新の論点を踏まえて検討する。本書の内容が朝鮮半島の核問題に関心を持つ読者に，さらなる課題について考える手掛かりとなれば幸いである。

　（※本書の内容は研究者としての個人的見解であって，所属する組織の見方を代表するものではない。）

 目　　次

検証可能な
朝鮮半島非核化は
実現できるか

1 北朝鮮は「責任ある核兵器保有国」なのか

(1) 核兵器は拡散させない

　最初の核実験から早10年以上が過ぎた2018年1月，ジュネーブ軍縮会議の場において，北朝鮮大使が同国は責任ある核兵器保有国だと主張した[1]。しかし，既存の国際条約では北朝鮮にこうした地位を認めていない。

● 核兵器不拡散条約（NPT）

　1970年に発効した核兵器不拡散条約（NPT）は，第9条3で核兵器国を1967年1月1日前に核兵器その他の核爆発装置を製造し，爆発させた国（米国，ロシア，英国，フランス，中国）に限定し，その他のNPT加盟国は非核兵器国だと定めている。当然，北朝鮮はこの定義には当てはまらない。

　なお，核軍縮，核不拡散と原子力の平和利用の権利をうたい，国連憲章に次ぐ加盟国数を誇るNPTだが，この核兵器国の定義の排他性を嫌ったインド，パキスタンは条約に加盟せず，1998年にそれぞれ核実験に踏み切り，核兵器の保有を宣言した。また，同じく未加盟のイスラエルも，公には認めないものの核兵器を開発・保有すると考えられている。

---

(1)　『ロイター』2018年1月24日。

●NPT の脱退

　一方，北朝鮮は 2003 年に NPT の脱退を宣言し，2005 年に突如核兵器の保有を表明した。しかし，北朝鮮は核兵器開発に至るまでの間，原子力の平和利用を隠れ蓑にして，NPT 加盟国としての様々な恩恵を受けてきた。それにもかかわらず，それらをないがしろにして，核兵器開発のブレイクアウト（一般的には一発の核兵器を製造するのに十分な兵器用核分裂性物質を生産するまでの時間を指す[2]）に手が届くところで条約脱退を宣言したことは，同条約の精神を守る意味からも許容され難い行為であった。日本政府も同年の第 58 回国連総会第一委員会にて，NPT 脱退への深い懸念とともに，核兵器の開発・取得・保有，実験，移転は絶対に容認できないとの姿勢を示した[3]。

　また，2010 年 NPT 運用検討会議最終文書では，北朝鮮に対して六者会合への関与とともに，NPT への早急な復帰と保障措置協定の遵守を強く促した。もっとも，先行研究では 2003 年以降，NPT では北朝鮮が引き続き同条約の義務を負うのか，それとも条約脱退が有効に成立したのかには合意がなく[4]，国連安全保障理事会（以下，安保理）は，脱退宣言以降も北朝鮮に NPT と国際原子力機関（IAEA）保障措置への復帰を要求して

---

[2]　Richard Nephew, "Based on Breakout Timelines, the World is Better off with the Iran Nuclear Deal than without it," Brookings Institute, July 17, 2015.

[3]　「第 58 回国連総会第一委員会における政府代表（猪口軍縮代表部大使）一般演説」外務省，2003 年 10 月 7 日。

[4]　石神輝雄「核兵器不拡散条約における北朝鮮の法的地位」『広島法学』第 40 巻第 2 号（2016 年）42 頁。

いることから，かかる脱退宣言自体を許容していないとの指摘
もある[5]。

(2) 繰り返される安保理決議違反

　核兵器の保有宣言の翌 2006 年 10 月 9 日，北朝鮮は第 1 回核
実験を敢行した。これに対して，国連安保理は決議第 1718 号
（S/RES/1718）を採択した。

●国際の平和と安全に対する明白な脅威 "shall"

　同決議は北朝鮮の主張する核実験が緊張を高め，国際の平和
と安全に対する明白な脅威だと決定し，国連憲章第 7 章第 41
条に基づき，さらなる核実験や弾道ミサイル発射を行わないこ
と，NPT 脱退宣言の即座の撤回と IAEA 保障措置への復帰を
要求した。

　また，北朝鮮は全ての弾道ミサイル関連計画を中断せねばな
らず，また既存のミサイル発射モラトリアムへの関与を再構築
するよう決定し，北朝鮮が全ての核兵器と既存の核計画を包括
的で検証可能，かつ不可逆的なやり方で放棄せねばならないと
した。

　その他の大量破壊兵器と弾道ミサイル計画についても，同様
に包括的で検証可能，かつ不可逆的なやり方で放棄せねばなら
ないと決定した。

　さらに，北朝鮮は IAEA が必要と考える個人，書類，設備

---

(5)　前掲論文 69 頁。

および施設へのアクセスを含む透明性措置を提供しなければならないとされた。

　こうした措置について，当該決議では"shall"という，外交文書として非常に厳しい文言が用いられた。

● CVID（完全かつ検証可能で不可逆的な非核化）

　朝鮮半島の非核化については，米国が提唱していた「完全かつ検証可能で不可逆的な非核化（complete, verifiable, and irreversible dismantlement: CVID)[6]」が後述する第2回六者会合で参加国により認識され[7]，今日に至っている。CVIDを構成する文言は，安保理決議第1718号にも見られるとおり，単なる一過性の政治的スローガンなどではなく，力を持たねばならない国際社会の言葉だと受け止めるべきものである。

　ちなみに，米国ドナルド・トランプ（Donald Trump）政権では，安保理決議に基づくCVIDとともに，最終的かつ完全に検証された廃棄（final, fully verified denuclearization: FFVD）というスローガンも提唱されている。しかし，その後も二国間，多国間協議ではCVIDが言及され続けており，例えば2019年11月18日の河野太郎防衛大臣，マーク・エスパー（Mark Esper）米国防長官による日米防衛相会談では，CVIDに向けて安保理

---

(6)　一政祐行「核不拡散と経済制裁を巡る諸問題」『防衛研究所紀要』19巻2号（2017年）37～38頁。

(7)　寺林裕介「北朝鮮の核開発問題と六者会合(上)～北東アジアにおける多国間枠組みの形成」『立法と調査』No.257（2006年）。

決議の完全な履行確保が確認されている⁽⁸⁾。

なお，国連安保理では 2006 年以降も，北朝鮮の核実験や弾道ミサイル発射試験に対して，何度も同様の強い言葉を用いた制裁決議を採択してきたものの，北朝鮮による安保理決議違反がくり返される状況が続いた。

● 日本の正当な外交姿勢

2018 年の米朝首脳会談以降，トランプ大統領は北朝鮮のミサイル発射試験に関して，「どこの国でも行なっていることだ」として，米国本土に到達しうる射程を持つもの以外は問題視しない意向を示している⁽⁹⁾。

こうしたなか，2019 年に日本の安倍晋三総理大臣が北朝鮮のミサイル発射試験を受けて，かかる行為が安保理決議違反だと厳しく批判した⁽¹⁰⁾。国連憲章第 7 章に基づく安保理決議が全加盟国を拘束するものであり，射程の短いミサイルも日本を含む近隣諸国に対して脅威であるのに変わりはない以上，本来はこれこそが正当な外交姿勢だと言えよう。

(3) 国際的に法的拘束力のないミサイル開発

こうしたミサイルの問題に関して，今日の世界には 1987 年に発足したミサイル技術管理レジーム（MTCR）と，2002 年の弾道ミサイルの拡散に立ち向かうためのハーグ行動規範（HCOC）

---

(8) 「日米防衛相会談（概要）」防衛省，2019 年 11 月 18 日。
(9) 『日本経済新聞』2019 年 8 月 11 日。
(10) 『産経新聞』2019 年 5 月 14 日。

という，2つの政治的な取り決めがある。

●MTCR（ミサイル技術管理レジーム）

MTCR では核，生物，化学兵器の運搬手段にかかる機材と技術について，MTCR ガイドライン及び附属書に基づき，加盟各国が国内法令を制定して全ての地域を対象に輸出管理を行うことになっている。弾道ミサイルについては附属書カテゴリーⅠで搭載能力 500kg 以上，射程 300km 以上の能力を持つロケットシステムなどが輸出管理の対象となっている[11]。

●HCOC（弾道ミサイルの拡散に立ち向かうためのハーグ行動規範）

また HCOC は MTCR だけでは弾道ミサイル拡散防止に不十分だとして発足し，弾道ミサイルの拡散を防止・抑制すること，宇宙ロケット計画を弾道ミサイル開発の隠れ蓑にしないこと，開発，実験，配備を最大限自制することなどを定めた[12]。これらはいずれも紳士協定であって，法的拘束力は持たず，また加盟国数も MTCR は僅か 35 カ国，HCOC でも 143 カ国である。肝心の北朝鮮は MTCR，HCOC ともに未加盟である。

前節で述べたとおり，決議第 1718 号以降，北朝鮮に対する

(11) 「ミサイル技術管理レジーム（MTCR：Missile Technology Control Regime，大量破壊兵器の運搬手段であるミサイル及び関連汎用品・技術の輸出管理体制）」外務省，2019 年 10 月 24 日。

(12) 「弾道ミサイルの拡散に立ち向かうためのハーグ行動規範（Hague Code of Conduct against Ballistic Missile Proliferation: HCOC）概要」外務省，2020 年 3 月 23 日。

一連の安保理決議では核実験やミサイル発射試験を行わず，NPT体制に復帰するよう要求している。MTCRやHCOCの加盟の有無にかかわらず，北朝鮮はやはりこれらの安保理決議に従う義務がある。

⑷　揺らぐNPT体制

　北朝鮮の核問題をはじめとして，今日の核不拡散体制の根幹となっているNPTだが，同条約自体，いまや決して盤石とは言い難い状況に置かれている。

●核軍縮を巡る最終文書採択の失敗と対立

　1995年に条約の無期限延長が決定され，その後5年毎に開催されるNPT運用検討会議は2000年と2010年にこそ最終文書の採択に成功したものの，2005年と2015年にはこれに失敗した。2005年の最終文書採択失敗は，当時の米国ブッシュ政権の一国主義に対する非同盟諸国の強い反発などがあり，また2015年の際は中東非大量破壊兵器地帯会議の開催プロセスと，核軍縮を巡る核兵器国と非核兵器国の対立があったと指摘される[13]。

　2020年4月にNPT運用検討会議が開催されるにあたっては，当初，次節で述べるような懸案事項の行方が注目されていた。しかし，世界的な新型コロナウィルス（Covid-19）のパンデミックにより，2021年まで会議の開催が延期されている。

---

(13)　「核不拡散条約（NPT）」長崎大学核兵器廃絶研究センター，2019年4月15日。

9

●「グランドバーゲン」

　NPT 運用検討会議の議論は多岐におよぶが，今日，最も大きな争点の一つとなっているのが停滞する核軍縮問題である。この背景には，非核兵器国が将来にわたって核武装を諦め，核不拡散を遵守する代わりに，原子力平和利用の権利を保障されること，そしてその一方で，核兵器国は核軍縮を誠実に交渉する義務を負う「グランドバーゲン」という考え方が存在する[14]。

　こうしたなか，世界の核兵器の 9 割を保有する米露 2 カ国では，2019 年に特定の兵器カテゴリーの全廃を定めた中距離核戦力（INF）全廃条約が終了した。そのうえ，2021 年に失効が迫る新戦略兵器削減条約（新 START）の期限延長交渉も見通せない状況にある。米露以外の核兵器国間では，これまで核軍備管理・軍縮交渉は行われていない。2019 年，トランプ政権は中国も交えた「21 世紀の軍備管理モデル」を提唱したが，核戦力規模で米露と格差の大きい中国は，交渉の参加自体を否定している。こうした交渉の膠着状況も，近年の核軍縮努力の停滞を象徴するものだと言えよう。

　なお，北朝鮮の核問題も，本質的にはこの「グランドバーゲン」と，NPT を中核とする核不拡散の国際規範に関わる問題だと言ってよい。また，非核化の検証で頻繁に言及される IAEA 保障措置も，NPT に基づき核物質が平和利用され，軍

（14）　秋山信将「第 5 章グローバル・コモンズとしての核不拡散秩序」『新興国の台頭とグローバル・ガバナンスの将来』（日本国際問題研究所，2011 年）92〜93 頁。

事転用されないことを検証（検認）するためのものである。

●核兵器禁止条約（TPNW）の採択

2017 年 7 月，NPT における核軍縮停滞に強い不満を抱き，核兵器の人道的影響の観点に立つ国々と，市民社会の働きかけによる交渉を経て，核兵器の保有やその使用の威嚇も含めて禁止する史上初の核兵器禁止条約（TPNW）が国連総会で採択された。

しかし，核兵器国や「核の傘」国は条約交渉の途中から，こうした条約は NPT の取り組みに分断を招きかねず，また現実的な安全保障の視点が欠けており，効果的な検証制度も備えていないなどとして，TPNW に反対の立場をとってきた[15]。TPNW は 2020 年 7 月現在も未発効であり，北朝鮮もこれに全く関与していない[16]。

---

(15)　一政祐行「核兵器国及び「核の傘」国と核兵器禁止条約（TPNW）」『防衛研究所紀要』21 巻 1 号（2018 年 12 月）41 頁。

(16)　"North Korea," The International Campaign to Abolish Nuclear Weapons（ICAN）.

2 なぜ朝鮮半島「核危機」が起きたのか⁽¹⁾

(1) レーガン政権期の北朝鮮のNPT加盟

北朝鮮の核問題が国際政治の表舞台に現れて，既に四半世紀以上が経つ。北朝鮮の核兵器開発の切っ掛けを巡っては，様々な議論がある。例えば，1983年の米国のグレナダ侵攻を北朝鮮が重大視し，米国の軍事力に対する有効な抑止力として核兵器開発に踏み切ったとの指摘⁽²⁾もあれば，1970年代には既に

(1) 本章における時系列での北朝鮮の非核化協議の記述に関しては，特に断りがない限り以下の資料をそれぞれ参照した。Leon V. Sigal, "The North Korean Nuclear Crisis: Understanding the Failure of the 'Crime-and-Punishment' Strategy," *Arms Control Today* (May 1997); "Chronology of U.S.-North Korean Nuclear and Missile Diplomacy," Arms Control Association, May 2020; Kelsey Davenport, "Fact Sheets & Briefs: The U.S.-North Korean Agreed Framework at a Glance," Arms Control Association, July 2018; "North Korean Nuclear Negotiations 1985 – 2019," Council on Foreign Relations; "Fact Sheet on DPRK Nuclear Safeguards," International Atomic Energy Agency; "North Korea Nuclear Chronology," Nuclear Threat Initiative, February 2011; "North Korea: Nuclear," Nuclear Threat Initiative, October 2018; イ・ヨンジュン『北朝鮮が核を発射する日──KEDO政策部長による真相レポート』辺真一訳（PHP研究所，2004年）。

(2) Benjamin R. Young, "The Reagan-Era Invasion that Drove North Korea to Develop Nuclear Weapons," *Washington Post*, August 10, 2017.

核兵器開発の方針が決定していたとの見方もある[3]。また，オーバードーファー（Don Oberdorfer）は中国の核実験直後の1964年，北朝鮮が核兵器計画の支援を中国に求めて拒否されたこと，そして北朝鮮とソ連との原子力協力は，ソ連側の意向で保障措置下での民間レベルに限定されたと指摘する[4]。

● 米朝関係の構図

　実際に，本章で俯瞰する朝鮮半島核危機や非核化に向けた交渉では，いずれも米国が重要な役割を担っており，一方の北朝鮮も米国との交渉に多くの力を注いできたことが浮き彫りになっている。

　この背景には，朝鮮戦争の休戦協定当事国であり，かつ米韓同盟の盟主である米国の姿勢を北朝鮮としても重く受け止めざるを得ない構図が指摘できる。

● IAEA 加盟から NPT 加盟へ

　北朝鮮は1974年に IAEA に加盟したが，1977年にソ連からIR-2000 研究炉を提供され，1980年代初頭から中盤にかけてウラン採掘施設，燃料棒加工施設，5MWe 及び 50MWe の黒鉛減速炉の建設を続々と進めた。こうしたなか，北朝鮮に対す

---

(3)　Francois Carrel-Billiard and Christine Wing, "Nuclear Energy, Nonproliferation, and Disarmament: Briefing Notes for the 2010 NPT Review Conference," International Peace Institute, April 2010, p.28.

(4)　ドン・オーバードーファー『二つのコリア──国際政治の中の朝鮮半島』菱木一美訳（共同通信社，2002年）297〜298頁。

る NPT 加盟への国際的圧力も徐々に高まっていった。

　折しも米国ではロナルド・レーガン（Ronald Reagan）政権期（1981 年 1 月～1989 年 1 月）であったが，寧辺で新たな原子炉が建設されているのを探知すると，米国は核兵器開発への懸念から，ソ連に対して北朝鮮に NPT 加盟を働きかけるよう求めたとされる[5]。

　結果的に，1985 年 12 月，北朝鮮は NPT に加盟した。

⑵　ブッシュ（父）政権期の第一次核危機

　北朝鮮は非核兵器国として，IAEA とフルスコープ保障措置協定を締結することになった。しかし，在韓米軍の戦術核兵器の撤去などを北朝鮮が条件に掲げ，同協定の締結に抵抗したことから[6]，それが実現したのは NPT 加盟から 7 年間後の 1992 年のことであった。

　その後，冷戦期終盤からポスト冷戦期へと大きく変動する国際政治環境のなか，ほどなくして北朝鮮の核開発疑惑が持ち上がった。ちょうど米国ではジョージ・H・W・ブッシュ（George H. W. Bush，以下ブッシュ（父））政権期（1989 年 1 月～1993 年 1 月）にあたるこの時期，北朝鮮の核問題におけるヴェールの一部が暴かれるとともに，朝鮮半島で初めての核危機（第一次核危機）

⑸　戸崎洋史「第 1 章 北朝鮮核問題と核不拡散体制」『平成 16 年度研究報告：北東アジアの安全保障と日本』（日本国際問題研究所，2005 年）12 頁。

⑹　久古聡美「北朝鮮の核問題をめぐる経緯と展望――金正恩体制下の動向を中心に」『調査と情報』No.775（2013 年）2 頁。

が訪れた。

● 寧辺核施設の衛星写真

　1989 年，フランスによって北朝鮮の寧辺核施設の衛星写真が公開され，未申告の核関連活動が疑われる状況が生起した。その後，NPT 加盟から 6 年以上，韓国への米国の核兵器配備を理由に，北朝鮮は保障措置協定締結を拒んできた。

　しかし，1991 年，米ソ戦略兵器削減条約（START I）の合意や大統領核イニシアティブ（PNI）によって，韓国国内から米国の戦術核が撤去されると，北朝鮮は 1992 年 1 月に保障措置協定を締結し，IAEA に核物質を申告して保障措置査察を受けた。この結果，核兵器の材料となるプルトニウム在庫量への疑義に加えて，2 つの未申告施設の存在が指摘されることとなった。

● 朝鮮半島の非核化に関する共同宣言と南北基本合意

　ポスト冷戦という新たな環境のもとで，朝鮮半島の政治情勢も流動化していった。南北関係の改善を模索した韓国の盧泰愚大統領の呼びかけが奏功し，1990 年から複数回にわたって南北首相会談が開催された。1991 年 9 月，韓国と北朝鮮は同時に国連に加盟する。そして 1992 年 2 月，朝鮮半島の非核化に関する共同宣言（JDD）と南北基本合意が発表された。共同宣言では核実験，核兵器の製造，受領，所有，保管，配備又は核兵器の使用を行わないことや，濃縮・再処理を禁止した。また，南北基本合意でも大量破壊兵器の除去や検証問題の協議推進が

うたわれた。

　とりわけ，前者の共同宣言は IAEA による検証を南北が受け入れる前提で書かれており[7]，韓国と北朝鮮がそれぞれ選定し，合意した場所での査察の実施や，JDD を履行するための共同核管理委員会（JNCC）の設置を定めた。

　しかし，こうした相互主義的な査察体制は最終的に合意が形成できず，1993 年以降，JNCC は立ち往生してしまった。また，同年 IAEA が保障措置査察を発動したが，このとき北朝鮮は対象が軍事施設であることを理由に，査察の受け入れを拒否した。

　これらの一連の共同宣言や基本合意は，北朝鮮にとって原子力平和利用を核兵器開発の隠れ蓑とし，かつ韓国から戦術核兵器を撤去させ，最終的に米国の核の傘を排除することを目的にしたものであったとも指摘される[8]。

● 第一次核危機

　1993 年，北朝鮮の申告に基づき IAEA が行った保障措置査察は，いずれも北朝鮮が原子力を平和利用していることの証明にはならず，これに反発した北朝鮮は NPT からの脱退を宣言した。その後，次節で述べる米朝ハイレベル交渉によって，北朝鮮は NPT に留まるとともに保障措置の履行に同意し，一旦

(7)　倉田秀也「6 者会談と盧武鉉政権の『包括的アプローチ』：多国間協議の重層化と局地的利益の表出」『国際問題』No.561（2007 年 5 月）17 頁。
(8)　「南北首脳会談 2018.4.27」NHK News Web。

17

は7カ所の申告済みサイトへのIAEA査察官のアクセスを認めたものの，その後，北朝鮮は黒鉛減速炉から使用済み核燃料棒を抜き取ってしまった。この使用済み核燃料棒を再処理すれば，核兵器の材料となるプルトニウムが取り出せる。

　実際に，北朝鮮は核兵器の製造に足る核分裂性物質生産能力を持った寧辺の黒鉛減速炉に加えて，新たな原子炉2基の建設を計画していた。こうしたなか，ブッシュ（父）政権では，IAEAを目撃証人とするかのような，対北朝鮮「違反－処罰」戦略をとろうとしたが，当のIAEAは，必ずしもそうした米国の戦略に沿える体制にはなかった。

　米朝関係に重大な緊迫が生じた1993年から1994年の期間は，後に第一次核危機と呼ばれることになる。

(3)　クリントン政権期の米朝枠組み合意

　第一次核危機に直接対峙した米政権は，ビル・クリントン（Bill Clinton）政権（1993年1月〜2001年1月）であった。ブッシュ（父）政権では否定的だった北朝鮮との交渉に転じたクリントン政権だが，1993年3月に北朝鮮がNPTからの脱退を表明すると，その核開発疑惑は国際安全保障上の重要課題に急浮上した。これを重く見たクリントン政権では，1994年の前半にかけて寧辺核施設の空爆を真剣に検討したことが当時の政権高官らよって明かにされている。このときは想定される付帯的被害があまりにも多く，戦争は極力回避せねばならないとの方針に至ったとされる。

　他方，皮肉なことに，こうしたなかでも核兵器開発を狙う北

朝鮮は，パキスタンの「核の闇市場」ことカーン・ネットワークにアクセスし，遠心分離技術や高濃縮ウラン型の核弾頭設計図を入手していたと指摘されている[9]。

● カーター特使の訪朝による危機の回避

一触即発に見えたこの第一次核危機を救ったのは，ジミー・カーター（Jimmy Carter）元米大統領を特使として派遣し，ハイレベル交渉を行った米国の外交努力であった[10]。カーター特使の訪朝により，金日成国家主席との会談が実現した（※その一週間後に金国家主席は死去する）。そして 1994 年 10 月の朝鮮半島枠組み合意（以下，枠組み合意）の形成により，危機的事態は回避されることになった[11]。

● 朝鮮半島枠組み合意

枠組み合意の骨子とは，米国が北朝鮮に核の脅威を及ぼさないとの確約や，北朝鮮による NPT の遵守，建設中の原子炉 2 基と再処理施設を含む核計画の凍結（freeze），米朝関係の正常化などであった。なお，検証を担う IAEA 保障措置の文脈において，以下，大きく 6 つの項目が明記された。

---

(9) Eleanor Albert, "North Korea's Military Capabilities," Council on Foreign Relations, December 20, 2019.

(10) 久古聡美，内海和美「北朝鮮の核問題をめぐる経緯——第 1 次核危機から米朝首脳会談まで」『調査と情報』No.1009（2018 年 7 月）3 頁。

(11) 平岩俊司「北朝鮮核問題と 6 者協議」『アジア研究』Vol.53, No.3（2007 年 7 月）30 頁。

① 安保理は枠組み合意で北朝鮮がNPT加盟国の立場に留まると決定したこと，また条約に基づくIAEA保障措置協定（INFCIRC/403）を完全に遵守すると決定したことに留意する。

② 安保理は北朝鮮によるIAEA保障措置協定の完全な履行を検証するために，北朝鮮による同国の全ての核物質にかかる冒頭申告の正確性と完全性を検証することに関して，IAEAと北朝鮮との協議に続いて，IAEAに必要な全てのステップをとるよう要請する。

③ 安保理は条約と北朝鮮のIAEA保障措置協定により要求されるものを超える自主的措置である，黒鉛減速炉と関連施設を凍結するための枠組み合意における北朝鮮の決定を承認する。

④ IAEA事務局長からの口頭報告を受けて，安保理はこのような自主的措置に関するIAEAの監視活動は，北朝鮮のIAEA保障措置協定に基づく検証活動の範囲内にあることにも留意する。

⑤ 安保理は凍結を監視するための枠組み合意の結果として，必要と思われるすべての措置を取るようIAEAに要請する。

⑥ 安保理は北朝鮮がその協定を完全に遵守し，指定された施設の凍結監視に関する活動について安保理に報告するまで，保障措置協定の実施について引き続き報告するようIAEAに要請する。

● 凍結と監視

　また，北朝鮮の凍結対象施設については，寧辺の5MWe黒鉛減速炉，核燃料棒加工工場，放射化学研究所・放射化学ラボ，50MWe黒鉛減速炉及び泰川の200MWe黒鉛減速炉（いずれも当時建設中）が指定された。これらは，枠組み合意がなければ，2003年までに北朝鮮に100発分の核兵器生産を可能にせしめる能力を持つものであった。

　IAEAは監視カメラ，放射線検知装置，査察及び，枢要な施設での軍事転用を防ぐための封印，計量管理，申告された核施設での軍事転用をタイムリーに把握するための核物資の出入測定などの手段を用いて検証を行った。

　こうした一方で，当時のIAEAには北朝鮮の未申告施設での軍事転用を検知する能力がごくごく限られており，実質上，加盟国の情報提供によるところが大であった。

● 軽 水 炉

　当時北朝鮮が開発していたのは，減速材として黒鉛を用い，その副産物として核兵器の材料となるプルトニウムがより多く得られる黒鉛減速炉である。そこで，枠組み合意で焦点の一つとなったのが，減速材に水を用い，プルトニウムを取り出しにくい特性を持つ軽水炉と黒鉛減速炉との交換であった。なお，枠組み合意では軽水炉の重要部分が完成し，主要な原子力部品の引き渡し前までに，北朝鮮が凍結された以外の施設についてもIAEA保障措置を完全に遵守することが明記された。

　1995年，枠組み合意に基づく日米韓協定によって，国際機

関「朝鮮半島エネルギー開発機構（KEDO）」が設置され，軽水炉の建設・提供及び，北朝鮮が発電目的だと主張する黒鉛減速炉の代替的措置として，年間50万tの重油供給の役割を担うこととなった。また，枠組み合意の検証はIAEAへと委ねられた。

●揺れ動いたミサイル交渉

　一方，ミサイル拡散問題も米朝間の交渉で争点となっていた。1996年4月に開催された第1回米朝ミサイル協議において，MTCRを遵守するよう求めた米国に対して，北朝鮮は逆にミサイル関連の収益減を補填するよう米国に要求した。翌5月，米国はイランへのミサイル関連技術移転を理由に，北朝鮮に経済制裁を科した。

　1997年に開催された第2回米朝ミサイル協議で，米国は中距離弾道ミサイルのノドンを配備せず，また短距離弾道ミサイルのスカッドの輸出を行わないよう北朝鮮に求めたが，合意に達しなかった。1998年6月，朝鮮中央通信（KCNA）は，北朝鮮がミサイル輸出を止めるのは経済的損失が適切に補填される場合のみである旨，声明を発した。

●日本を飛び越えたテポドン1

　こうしたなか，1998年8月，北朝鮮は日本を飛び越えるかたちで，射程1,500km～2,000kmに及ぶ中距離弾道ミサイルテポドン1の発射試験を行った。北朝鮮はこれがロケットであ

り，小型衛星を衛星軌道上に打ち上げたのだと発表した[12]。10月，第3回米朝ミサイル協議が開催されたが，経済制裁の解除と引き替えにミサイル計画の終了を求めた米国に対して，北朝鮮側は枠組み合意で制裁解除は暗に盛り込まれていたと主張し，議論は平行線を辿った。

● 経済制裁の解除へ

1999年5月に米国のウィリアム・ペリー（William Perry）国防長官が訪朝し，非核化と国交正常化について協議した。9月，米朝協議後に北朝鮮は経済制裁解除との引き換えで，長射程ミサイル発射試験のモラトリアムに同意し，朝鮮戦争の開始以来，初めて制裁が解除された。10月には金正日国防委員長の特使として趙明禄国防委員会第一副委員長がワシントンD.C.を訪れ，クリントン大統領と会見した。

その後，マデレーン・オルブライト（Madeleine Albright）米国務長官が北朝鮮を訪問し，弾道ミサイル計画及びミサイル技術移転問題を協議したが，米国ではクリントン政権末期のタイミングでもあり，交渉では具体的な進展は得られなかった。

● 初の南北首脳会談

一方，対北朝鮮抱擁政策（太陽政策とも。経済支援と絡めた対話と交流により，北朝鮮から前向きな変化を引き出すことを狙った[13]。）を

---

(12)　Missile Defense Project, "Taepodong-1," Missile Threat, Center for Strategic International Studies, August 9, 2016.

(13)　礒﨑敦仁，澤田克己『新版北朝鮮入門──金正恩体制の政治・経

推進する韓国の金大中政権と，日米韓3カ国の戦略的連携，経済難に喘ぐ北朝鮮のそれぞれの思惑が一致したのを背景に，2000年6月に新たな政治体制下で，朝鮮戦争後の分断後，初の南北首脳会談が開催された[14]。そして，この会談で南北共同宣言（6月15日）が発出された。

(4)　ブッシュ政権期の第二次核危機と六者会合

クリントン政権期に対話路線となり，核危機を経て枠組み合意へと漕ぎ着けた米朝関係であったが，9.11米国同時多発テロに直面し，急速に国際安全保障環境が悪化するなか，ジョージ・W・ブッシュ（George W. Bush，以下ブッシュ）政権期（2001年1月～2009年1月）には再び，その関係性が揺らぐことになった。

●悪の枢軸

2002年1月，ブッシュ大統領は，北朝鮮がミサイルと大量破壊兵器を持ち，国民を飢えさせる政治体制であり，また米国とその同盟国を大量破壊兵器で脅かすテロリストらのスポンサーだとして，イラン，イラクとともに「悪の枢軸（axis of evil）」だと名指しで批判した。

同年4月，ブッシュ政権は北朝鮮のミサイル発射試験及び，対イランミサイル関連技術移転を理由に，枠組み合意が遵守さ

済・社会・国際関係』（東洋経済新報社，2017年）259頁。

(14)　道下徳成「第1章　南北首脳会談」防衛研究所（編）『東アジア戦略概観2001』（防衛研究所，2001年2月）13頁。

れていないと糾弾した。しかし，より深刻な事態が生じたのは，
同年10月にジェームズ・ケリー（James Kelly）米特使が訪朝し
た際のことであった。このとき，北朝鮮側はケリー特使に対し
てウラン濃縮計画の存在を認める発言をしたのであった。これ
を受けて，KEDOは北朝鮮への重油の供給を停止した。

●NPT脱退宣言と第二次核危機

　重油の供給停止に反発した北朝鮮は，2002年12月，寧辺核
施設の再稼働を宣言し，黒鉛減速炉の封印を取り外すとともに，
IAEA査察官を国外退去させ，監視機器も撤去してしまった。
これらの枠組み合意違反行為に対して，翌2003年1月，
IAEA理事会は対北朝鮮決議を採択し，IAEAへの完全かつ迅
速な協力を要求すると，逆に北朝鮮はNPTからの脱退を宣言
し，朝鮮半島で第二次核危機が勃発した。10月，北朝鮮が使
用済み核燃料棒8,000本の再処理を発表すると，KEDOは軽
水炉プロジェクトも停止した。

　こうして危機の水位が高まるなか，枠組み合意は崩壊した。
折しもイラク戦争開戦のタイミングでもあり，米国が北朝鮮と
の2国間協議を否定したことから，新たに米国，北朝鮮，日本，
ロシア，中国，韓国からなる六者会合が発足することとなった[15]。

●六者会合（第1回～第3回）

　しかしながら，2003年8月の第1回会合（北京）では北朝鮮

(15)　久古「北朝鮮の核問題をめぐる経緯と展望——金正恩体制下の動
　　向を中心に」3頁。

がウラン濃縮計画の存在を否定し，議論の突破口は得られなかった。

2004年2月の第2回六者会合では，朝鮮半島の非核化を共通目標だと再確認した一方で，CVIDの対象は全ての核計画だとする日米韓に対して，北朝鮮は核兵器開発計画のみが廃棄対象であり，原子力平和利用は認められるべきだと主張するなど，参加国間での立場の齟齬が明らかになった。

同年6月に開催された第3回六者会合では，作業部会が設置された。この作業部会には非核化の第一段階の措置とその範囲，期間及び検証，そして第一段階の対応措置について検討する権限が付与された。このとき，特にウラン濃縮を第一段階の措置の範囲に含めるか否かが争点になった。

●北朝鮮の核兵器保有宣言

六者会合が進むなか，大きく潮目が変わったのは2005年のことであった。CVIDを巡る対立に加えて，コンドリーザ・ライス（Condoleezza Rice）米国務長官の声明で「専制政治の前哨基地（outposts of tyranny）」だと指摘されたことに反発し，北朝鮮は敵視政策が続く限り，核抑止力が必要だと主張したのだった[16]。2005年2月10日，北朝鮮は米国ブッシュ政権の敵視政策が体制転覆を狙うものだとして，六者会合参加の無期限の中断と，抑止力として自衛のための核兵器の開発・保有を宣言した。

---

(16) Kelsey Davenport, "The Six-Party Talks at a Glance," Arms Control Association, June 2018.

　核兵器保有宣言を受けて，KEDO 理事会は軽水炉プロジェクト継続の基礎が失われたとして，その活動を正式に終了した。同年 9 月，米国財務省は北朝鮮によるマネーロンダリングを理由に，マカオのバンコ・デルタ・アジア（BDA）口座の 2,500万ドルを凍結させる対北朝鮮金融制裁を発動した。

●第 4 回六者会合共同声明

　複数回にわたる米朝間での非公式協議を経て，2005 年 7 月，北朝鮮は六者会合への復帰を合意した。2005 年 9 月に開催された第 4 回六者会合では，朝鮮半島の検証可能な非核化について，共同声明への合意にこぎ着けた。

　同共同声明では，北朝鮮による全ての核兵器と既存の核計画の放棄，NPT と IAEA 保障措置への早期復帰の約束を謳った一方で，米国は朝鮮半島に核兵器を有しないこと，北朝鮮に対して，核や通常兵器での攻撃，又は侵略を行う意図を持たないことを確認した。このほか，韓国も 1992 年の朝鮮半島の非核化に関する共同宣言に従い，核兵器を受領せず，かつ配備しないことを「約束対約束，行動対行動」の原則のもとに再確認した。また，北朝鮮は原子力平和利用の権利を有する発言を行い，他国はそれを尊重するとし，適切な時期に軽水炉提供を議論することとなった。

●朝鮮半島非核化と核計画放棄

　なお，北朝鮮にとって，こうした朝鮮半島の非核化合意が意味するものとは，米国が韓国に提供する「核の傘」の撤去と，

北朝鮮の核廃棄とが同時並行で進むべきものであり，また在韓
米軍による脅威の削減も求めたメッセージが織り込まれている
と指摘される[17]。

　一方，米国は核計画の放棄には原子力平和利用も含まれると
解釈していた。さらに，北朝鮮が核兵器と核計画を放棄した後
に NPT に復帰し，それから軽水炉提供を議論するとの認識で
いた。これに対して，北朝鮮は軽水炉の提供後に NPT へ復帰
するとの姿勢をとる[18]など，共同宣言の内容に対して，北朝
鮮と米国の認識には依然として隔たりがあった。

●第5回六者会合

　第5回六者会合は，2005 年 11 月の第 1 セッションから 2006
年 12 月の第 2 セッション，そして 2007 年 2 月の第 3 セッショ
ンを経て，「共同声明の実施のための初期段階の措置」の発表
に至った。この間，米国は BDA 口座凍結を解除せず，対する
北朝鮮も口座の凍結解除を六者会合再開の条件として米朝 2 国
間協議を求め，かつ 2006 年 7 月には複数のミサイル発射試験
を行い，10 月には初の核実験を敢行し，大きく緊張の度合い
を高めていった[19]。このため，協議は停滞を余儀なくされた。

---

(17)　木村幹「簡単ではない『完全な非核化』：米国の朝鮮半島関与に
　　変化の兆しも」nippon.com，2018 年 6 月 22 日。
(18)　寺林裕介「北朝鮮の核開発問題と六者会合(下)——多面的機能
　　を持ち始める六者会合の可能性」『立法と調査』No.259（2006 年 9
　　月）3〜4 頁。
(19)　前掲論文 5〜6 頁。

● 共同声明の実施のための初期段階の措置

　2007年2月に発表された「共同声明の実施のための初期段階の措置」では、再処理施設を含む寧辺の核施設の最終的な放棄を目的としつつ、その活動の停止（shutdown）及び封印（seal）、IAEAによる監視と査察官の復帰、全ての核計画の一覧表について北朝鮮が五者と協議することに加えて、米朝間の完全な外交関係を目指す協議の開始、テロ支援国家指定の解除や、敵対通商法の適用終了への作業を進めることなどが盛り込まれた。

　また、初期段階の次の段階における措置として、北朝鮮による全ての核計画の完全な申告の提出や、既存の全ての核施設の無能力化（disablement）などのほか、経済・エネルギー・人道支援として、北朝鮮に重油95万t相当が供与されることとなった。

　これらの措置について、寺林は、枠組み合意での「凍結」を超える「無能力化」へと進んだ一方で、復帰する査察官の権限や検証の方法が不明瞭であり、また「核計画」の範囲が特定されず、次の段階における措置の履行期限も設定されなかったなどの問題点を指摘している[20]。

● 第1回目の核実験

　2006年10月9日、北朝鮮は第1回目の核実験の実施を宣言した（巻末の表2を参照）。このとき、様々な関心国・各機関が、

---

(20)　寺林裕介「北朝鮮核問題『初期段階の措置』合意をめぐる論点——米朝接近と日本が直面する課題」『立法と調査』No.270（2007年7月）77～79頁。

それぞれ遠隔観測した地震波などから試算した核爆発の威力（核出力）の推定値を発表したが，例えば米国議会調査局の2006年の報告では，その核出力は1kt以下であったと取りまとめている[21]。

この核実験に対して，安保理は全会一致で北朝鮮を批判し，経済制裁を課した。しかし，同核実験後に開催された第5回六者会合第2セッションにおいて，北朝鮮の金桂冠外務次官は，自国を「堂々たる核保有国」だとし，「核兵器問題を議論するなら核軍縮会談を要求せざるを得ない」と述べたとされる[22]。

●第6回六者会合

2007年6月，米国がBDAの北朝鮮の口座を凍結解除したことで，同年9月に第6回六者会合が再開され，協議の末に2005年9月の共同声明実施のための第二段階措置が合意された。

同合意では，朝鮮半島の非核化に向けて，2007年12月31日までに全ての核施設を無能力化することや，核計画の完全かつ正確な申告，米国のテロ支援国家指定の解除作業の開始，さらに経済エネルギー支援として，重油100万t相当を提供することなどが盛り込まれた。

---

(21)　Emma Chanlett-Avery and Sharon Squassoni, "North Korea's Nuclear Test: Motivations, Implications, and U.S. Options," *CRS Report for Congress*（October 24, 2006), p.1.

(22)　寺林「北朝鮮核問題『初期段階の措置』合意をめぐる論点――米朝接近と日本が直面する課題」76頁。

●北朝鮮による核施設関連情報の申告

2008年2月，韓国では和解を軸に対北朝鮮政策を進めてきた盧武鉉大統領に代わって，より強硬な非核化政策を追求する李明博大統領が政権に就いた。

一方，同年5月，北朝鮮は1万8千頁に及ぶ原子炉の稼働記録を提出した。翌6月，北朝鮮は六者会合議長国の中国に対して，国内15カ所の核関連施設，30kgのプルトニウムの保有に加えて，2006年の核実験でプルトニウム2kgを使用したと申告した。

これを受けて，ブッシュ政権は貿易にかかる制限を部分的に撤回し，米国のテロ支援国家リストから北朝鮮を除外する計画を明らかにしたほか，複数の経済制裁を解除した。

●非核化の検証メカニズム

2008年7月，第6回六者会合に関する首席代表者会合が開催され，成果文書に合意した。

同文書では，六者会合の枠組み内に検証メカニズムを設置することに加えて，検証措置としては具体的な施設への訪問，文書の検討，技術者との面談や，六者が合意するその他の措置が含まれること，必要な場合にはIAEAから助言及び支援を受けることのほか，検証計画とその実施については，六者会合の非核化作業部会にて決定することを盛り込んだ。

しかし，同年9月，北朝鮮は寧辺の再処理施設の封印と監視機器を撤去するようIAEAに要求するとともに，同核施設に新たな核物質を搬入した。

● 検証に関する米朝暫定合意

2008 年 10 月，米国国務省は北朝鮮との間で検証に関する暫定的合意に達したことを発表し，即座にテロ支援国家指定の解除に踏み切った。

検証に関する暫定的合意においては，①非核兵器国を含む全ての六者会合参加国の専門家が検証活動に参加すること，②IAEA が諮問及び支援を行うこと，③専門家らが全ての申告済み施設へのアクセスを行い，また未申告施設に対しては，双方の合意のうえでアクセスすること，④資料採取（サンプリング）及び鑑識活動などの科学的手続きをとること，⑤検証議定書に盛り込まれた全ての措置をプルトニウム，濃縮ウラン計画，そして拡散活動に適用すること，また，⑥六者会合で既に合意した合意遵守の監視メカニズムをこれらに適用することなどが列挙されたほか，これらの措置が将来，六者会合で最終的に承認・採用される検証議定書の基線となる旨表明された。

しかしながら，11 月に入ると，北朝鮮は IAEA 査察官による土壌サンプリングは合意違反だとして，これを拒否してしまった。

● 六者会合の頓挫

2008 年 12 月，第 6 回六者会合に関する首席代表者会合で改めて非核化の検証について議論されたものの，合意には至らなかった。

このとき，核施設の検証における IAEA の諮問・支援，寧辺核施設の無能力化及び，北朝鮮への重油 100 万 t 相当のエネ

ルギー支援の同時履行に合意した議長声明が発出された。しか
し，この後10年以上にわたって六者会合は開催されていない。
こうした六者会合の性質について，倉田は，同会合が安保理に
よる懲罰的措置を回避しつつ，北朝鮮に地域レベルでの安全の
保証と融和的な経済支援策を提示し，非核化を促す構図であっ
たものの，北朝鮮側の保障措置の不履行や，NPT脱退宣言な
どにより，非核化原則も懲罰的なものにならざるを得なかった
と批評する[23]。

なお，六者会合の再開を巡っては，2018年3月に中国を訪
問した金正恩国務委員長（以下，金正恩委員長）が，中国の習近
平国家主席との会談で六者会合への復帰に同意したと報じられ
た[24]。しかし，同年6月のシンガポールでの第1回米朝首脳会
談や，その後の共同声明においても，六者会合の再開には一言
も触れられていない。

(5) オバマ政権期の戦略的忍耐政策

「核兵器のない世界」を掲げて登場し，対北朝鮮政策におい
ては，非核化の意思表示なくして対話なし，とも言うべき姿勢
を鮮明にしたのがバラク・オバマ（Barack Obama）政権（2009
年1月〜2017年1月）であった。しかし，六者会合は頓挫したま
まである一方，2009年以降は北朝鮮による一連の核実験も佳
境に入り，またそれらの間隙を縫うかのようにミサイル発射試

---

(23) 倉田「6者会合と盧武鉉政権の『包括的アプローチ』多国間協
議の重層化と局地的利益の表出」18頁。
(24) 『日本経済新聞』2018年4月5日。

験が相次ぐなか（巻末の**表2**を参照），遂に朝鮮半島非核化を前進させるような具体的成果は得られなかった。

　こうした理由から，積極的に交渉を求めず，対北朝鮮経済制裁を重視したオバマ政権期の戦略的忍耐政策は，様々な批判に晒されることとなった[25]。

● 第2回目の核実験と秘密のウラン濃縮施設

　2009年1月の大統領就任の時点で，オバマ大統領は六者会合の再活性化に意欲を示していたが，北朝鮮が長距離弾道ミサイルの発射試験を行ったことで，その取り組みも挫折してしまった。4月，北朝鮮はIAEAとの全ての協力停止を決定し，IAEA査察官を国外退去させた。そして，翌5月に核出力2kt～8kt程度と推定される第2回核実験を行った。

　その後，12月にオバマ政権スタッフによる初の米朝2国間協議が実施された。2010年11月，北朝鮮が新たな秘密のウラン濃縮施設の存在を明らかにした。これは軽水炉建設の最中にあっても，北朝鮮が秘密裏に核計画を進めていたことを示すものであった。

● 金正恩委員長への権力継承

　2010年3月26日に発生した韓国海軍の天安沈没事件や，2010年11月23日の延坪島砲撃事件によって，南北関係も悪化した。

---

(25)　*Hill*, February 16, 2018;『産経新聞』2017年1月10日。

2011 年 12 月，北朝鮮の金正日国防委員長が死去すると，その子の金正恩委員長が指導者として後を継いだ。

● 米朝間の取引の崩壊

2012 年 2 月 29 日，北京での米朝協議において，北朝鮮は寧辺におけるウラン濃縮活動の停止と IAEA による監視を受け入れ，さらに長距離ミサイルと核実験のモラトリアムにコミットする旨発表し，それらとの引き替えに，米国が食糧支援を行うこととなった。

しかし，北朝鮮はミサイル発射試験を再開しただけでなく，軍事パレードにおいて移動式の大陸間弾道ミサイル（ICBM）を展示したことから，かかる取引は崩壊してしまった。

● 深まる孤立と相次ぐ核実験

2013 年 2 月，北朝鮮は第 3 回核実験を実施した。この 2013 年から 2016 年にかけて，米国は同盟国と連携して経済制裁を強めることにより，北朝鮮を交渉のテーブルに引き出そうと試みたが，そのことで，結果的に北朝鮮の国際社会における孤立は一層深まり，核計画もさらなる進展を遂げてしまう。

2016 年に入ると，北朝鮮は 1 月と 9 月に第 4 回，第 5 回の核実験を実施しつつ，短距離，中距離及び長距離弾道ミサイルの発射試験を重ねた（巻末の**表 2** を参照）。

● 水爆実験声明

なお，第 4 回の核実験には新たな展開があり，北朝鮮はこれ

を水爆実験だとする声明を発表した[26]。しかし，観測された地震波の実体波マグニチュードは，2013 年以前の核実験と比べてことさら大きなものではなかった。例えば，韓国政府は韓国地質資源研究院（KIGAM）の観測値であるマグニチュード4.8（mb）を踏まえ，その核出力は 6〜9kt 程度だと発表した[27]。

　一方，第 5 回核実験では過去に観測されたものよりも大きな地震波が各国で観測され，韓国政府も KIGAM の観測した地震波の実体波マグニチュードが 5.0（mb）であったことから，想定される核出力は 10kt だとの推測を発表した[28]。

　いずれにしても，第 4 回と第 5 回の核実験を巡って関係各国・各機関から発表された核出力（推定値）は，冷戦期に米ソが大気圏内核実験で爆発させた，数百 kt 〜数 Mt といった水爆の核出力とは大きくかけ離れたものであった。

(6)　トランプ政権と第三次核危機

　北朝鮮の国際社会での孤立が深まる一方，核実験やミサイル発射試験がくり返されることで，オバマ前政権期の戦略的忍耐政策への反省が論じられるなか，2017 年 1 月に発足したトランプ政権の対北朝鮮政策は，「ビッグ・ディール（大きな取引）」を求めて大きく変容していった。阪田はオバマ前政権の戦略的忍耐政策との対比で，トランプ政権のそれは北朝鮮の非核化を

---

(26)　Euan McKirdy, "North Korea Announces it Conducted Nuclear Test," CNN, January 6, 2016.

(27)　*New York Times*, September 8, 2016.

(28)　*Ibid.*

目標とし，封じ込めを基調とする「戦略的圧力と関与」政策であると指摘する⁽²⁹⁾。

●第三次核危機

　しかし，トランプ政権の誕生から間を置かずして，米朝関係は険悪化の一途を辿った。

　2017年4月，北朝鮮のKCNAは，アジア太平洋平和委員会の報道官声明として，「韓国が灰になり，日本列島が沈没し，米国本土に核が降り注いだとしても後悔してはならない」と報じ，また朝鮮半島周辺に米国空母など海軍艦隊が接近するのに対して，「挑発の動きを見せれば悪の帝国の本拠地を焦土化する」などと威嚇したほか，北朝鮮外務省も「米国が南（注：韓国）とともに無謀な先制攻撃の妄動を続けるならば，事前の通告なしにすさまじい懲罰の先制攻撃を加え，侵略の本拠地を火の海にする」との声明を発表した⁽³⁰⁾。

　トランプ大統領もツイッターを通じて，「北朝鮮が賢明でない行動をとった場合の軍事的解決策は準備完了し，照準を定め，弾丸は装填されている。金正恩委員長が別な道を見出すことを祈る。」旨の意思表示をした⁽³¹⁾。

　9月，国連総会において，トランプ大統領は金正恩委員長を

⑵⁹　阪田恭代「第8章 北朝鮮の核・ミサイル問題をめぐる日米韓外交・安全保障協力──第三次核「危機」の現段階，2017年から2018年へ」日本国際問題研究所『「不確実性の時代」の朝鮮半島と日本の外交・安全保障』（2018年3月）69頁。
⑶⁰　「注目ニュース（2017.4）」NHK News Web。
⑶¹　*Reuters*, August 11, 2017.

「ロケットマンが彼自身と彼の統治体制にとって自滅のミッションに就いている」と揶揄し，かつ「米国と同盟国を守るよう強要された場合には，北朝鮮を完全に破壊する以外に選択肢はない」と強い言葉で批判した[32]。これに対して，北朝鮮の李容浩外相も「北朝鮮のロケットが米国本土に到達するのを不可避にした」と応酬した[33]。

　トランプ大統領は対北朝鮮経済制裁強化の大統領令に署名し，核及びミサイル開発に関与した北朝鮮の銀行や関係者個人らに経済制裁を課した[34]。こうして米朝間の対立が一層深刻化するなか，朝鮮半島で第三次核危機と呼べる状況が生起する[35]。

●第6回目の核実験と電磁パルス（EMP）攻撃能力獲得宣言

　第三次核危機の最中にあった2017年9月に実施された，第6回目の北朝鮮の核実験は，それまでの核実験と比較しても高核出力であったと推定され，北朝鮮はこれを水爆実験の成功だとして宣伝した。折しもKCNAがICBMに搭載可能な水爆及び，高高度核爆発による電磁パルス（EMP）攻撃能力について言及[36]した矢先の出来事であった。（EMP攻撃能力については第3

---

(32)　*Haaretz*, September 19, 2017.

(33)　『ロイター日本語版』2017年9月24日。

(34)　『日本経済新聞』2017年9月27日。

(35)　倉田秀也「北朝鮮の抑止態勢と地域秩序認識：冷戦構造解体論の視座」日本軍縮学会年次大会部会2「北朝鮮と核危機：軍備管理軍縮の可能性」2018年4月14日。

(36)　*Wall Street Journal*, September 2, 2017.

章を参照。）

　この第6回核実験について，包括的核実験禁止条約機関（CTBTO）準備委員会・暫定技術事務局が，観測された実体波マグニチュードを6.0と発表したことを踏まえ，日本の小野寺五典防衛大臣は，核出力の推定値が120ktであり，水爆であった可能性は否定できない旨発表した[37]。

● 微笑み外交

　しかし，2018年2月，韓国・平昌オリンピックの開催を通じて，対北朝鮮融和政策をとる文在寅政権と北朝鮮側との関係改善ムードが醸成された。この時期の北朝鮮の外交姿勢は「微笑み外交」と呼ばれたが，南北間の関係改善とは裏腹に，関心国の専門家の間では，非核化への取り組みがぶれることへの警戒感も高まった[38]。3月，韓国の鄭義溶国家安全保障室長が金正恩委員長の招聘に応え，トランプ大統領が同年5月までに平壌を訪問すると発表した。

　その後，4月には金正恩委員長が南北境界線を越えて韓国に入り，文在寅大統領との首脳会談を実施し，朝鮮半島非核化の共通のゴールに向けて取り組むことを約束したと報じられた[39]。

　米朝首脳会談に向けた動きも続々と具体化していった。同月，トランプ政権がシンガポールで米朝首脳会談を行うべく，北朝鮮側に働きかけを行うと，北朝鮮側もこれに応えて米国人捕虜

---

(37)　『東京新聞』2017年9月6日。
(38)　『産経新聞』2018年3月5日。
(39)　*Washington Post*, April 27, 2018.

を開放し，また豊渓里の核実験場を爆破してみせた[40]。

●非核化の「リビアモデル」

　米政権内においても，非核化の先行きに懸念を抱き，より強硬な措置を求める声があった。ジョン・ボルトン（John Bolton）安全保障担当大統領補佐官は，核計画の放棄と引き替えに制裁を解除する「リビアモデル」を北朝鮮にも適用すべきだと主張[41]し，経済制裁の解除から段階的な非核化へと北朝鮮に歩み寄るような交渉の進め方に釘を刺した。（リビアモデルについては第4章を参照。）

　しかしながら，核計画放棄を決定したリビアのムアンマル・アル・カダフィ（Muammar Al-Qadthafi）大佐は，後年，北大西洋条約機構（NATO）が後ろ盾になった同国反体制派によって殺害される末路を辿った。そのため，自ら保有する核兵器の存在こそ，米国への有効な抑止力たり得るとの結論を北朝鮮が再認識しかねないとして，「リビアモデル」に対する懐疑論も盛んに論じられた[42]。

●米朝首脳会談の実現とCVIDの行方への懸念

　一方，世界的なメディアの注目のなか，2018年6月12日にシンガポールで行われた歴史的な米朝首脳会談では，永続的で

（40）　*New York Times*, May 24, 2018.

（41）　Joshua Berlinger, "Bolton Says US Considering Libya Model for North Korean Denuclearization," CNN, April 30, 2018.

（42）　*New York Times*, May 16, 2018; *Washington Post*, May 17, 2018.

強靱な平和と，完全な非核化の追求に合意する共同宣言を発表
した。

　同宣言では新たな米朝関係の構築，朝鮮半島の永続的で安定
的な平和体制の構築，2018 年 4 月 27 日の板門店宣言に則り，
朝鮮半島の完全な非核化に向けた北朝鮮の関与などが確認され
た。

●最終的に完全に検証された非核化（FFVD）

　2018 年 7 月，マイク・ポンペオ（Mike Pompeo）国務長官は，
米朝非核化協議に向けて，（CVID ではなく）FFVD をスローガ
ンとする非核化政策に言及した。しかし，FFVD への言及は，
米国が「リビアモデル」を実質的に棚上げしたサインではない
のかとメディアで批判された[43]。

●第 2 回米朝首脳会談とその頓挫

　翌 2019 年 2 月 27 日から 28 日にかけてベトナムで開催され
た 2 回目の米朝首脳会談では，対北朝鮮制裁の解除と非核化を
巡って両首脳間で合意に達せず，そのプロセスの半ばにして会
談が頓挫してしまった。

　この背景を巡っては，一旦は完全な制裁解除と引き替えに，
寧辺の核及び核分裂性物質生産施設を解体することで双方が合
意していたが，トランプ大統領側がさらなる検証可能な非核化
に向けた実質的なステップを北朝鮮に要求していた旨報じられ

（43）　*Reuters*, July 5, 2018.

た。また，会談後のインタビューで，トランプ大統領は米国側が核関連施設5カ所の閉鎖を求めた一方，北朝鮮側は2カ所のみ閉鎖するとの姿勢であったと述べた[44]。

● 交渉失敗要因に対する有識者の見解

当初，平和宣言の発表や，寧辺での兵器用核分裂性物質の生産停止，連絡事務所の設置など，交渉の成果への期待値も相当に高かった第2回米朝首脳会談の失敗は，トランプ大統領が融和的な非核化合意で妥協してしまうことへの懸念を一旦は払拭したものの，先行きの不透明性は一層強まる結果となった。

この点について，秋山は（当初囁かれていた段階的な非核化合意の容認ではなく）トランプ大統領が完全な非核化と経済制裁解除の取引を提案したのに対して，当面，核兵器能力を温存し，現段階ではそれらの廃棄に応じる準備がなかった北朝鮮がこれを拒否したと理解するのが妥当だと指摘する[45]。

ジョージ・トロラヤ（Georgy Toloraya）は，CVIDを追求する米国と，政権交代に伴って外交政策が大きく変動しうる米国に確固たる安全の保証を求める北朝鮮との立場の齟齬を指摘する[46]。

---

(44)　Sang Hyun Lee, "Denuclearizing North Korea: Challenges and Opportunities after Hanoi."

(45)　秋山信将「国問研戦略コメント（No.8）『非核化』の構造的要因から読む米朝首脳会談の決裂と今後」日本国際問題研究所，2019年3月12日。

(46)　Georgy Toloraya, "From CVID to CRID: A Russian Perspective," 38 North, December 26, 2018.

　一方，阿久津は，北朝鮮が自ら生起させた危機から米朝間での交渉を経て，何がしかの合意へと至る「対米1政権1合意」方式により，米国歴代政権による軍事攻撃を回避しつつ，核兵器及びミサイル開発の時間稼ぎを行ってきたモデルを示すとともに，トランプ政権を相手取った米朝首脳会談においても，北朝鮮によって同様の手法が展開されたと説明する[47]。

● 電撃的な第3回米朝首脳会談

　その後，間を置かずに2019年6月に板門店で電撃的な第3回米朝首脳会談を開催し，両国のチームによる非核化協議の再開に合意した。このとき，トランプ大統領は経済制裁の解除に関して，非核化協議の過程でその一部を解除する可能性を示唆した[48]。同年9月，リビア方式での非核化を強く主張してきたボルトン補佐官が政権を離れた。これによって，トランプ政権の朝鮮半島非核化を追求する姿勢にも何らかの変化が生じるとの観測が生じた。

　2019年10月にはストックホルムで米朝実務者協議が行われたが，非核化交渉に進展は見られなかった。このとき，米国側は石炭や繊維輸出にかかる一部の制裁解除と引き換えに核実験停止を求めたものの，システマチックな制裁解除を求める北朝鮮側と見解が一致せず，協議が打ち切られたと報じられた[49]。

---

(47)　阿久津博康「北朝鮮の『対米1政権1合意』方式と米朝首脳共同声明」『NIDSコメンタリー』第77号（2018年6月29日）2〜3頁。

(48)　*Bloomberg*, June 30, 2019.

(49)　*Reuters*, December 9, 2019.

● 米朝間の思惑の乖離

　北朝鮮は，2019年の年末までにトランプ政権が交渉姿勢を改めるよう要求し，さもなければ金正恩委員長は別な道を歩むかもしれないとの警告を発した[50]。

　目下のところ，トランプ大統領と金正恩委員長の個人的関係性がアピールされる一方で，2020年に入ってからも非核化協議は遅々として進まず，既にミサイル発射試験や核実験凍結などで大きく譲歩したと主張する北朝鮮側と，非核化のロードマップの提出を求める米国側とで，依然，思惑の乖離が目立つ状態にある。

　しかし，いずれにしても非核化のロードマップなしにCVIDの達成に向けた協議の進展があり得ないことは自明だと言わざるを得ない。

● 新型戦略兵器

　KCNAの2020年1月1日の報道では，朝鮮労働党中央委員会総会での発言として，「平和体制が構築されるまで戦略兵器の開発は続ける」こと，そして米国は「近く新型戦略兵器を見ることになる」と報じられた[51]。

　折しも，米国トランプ政権がイランのガゼム・ソレイマニ（Qasem Soleimani）革命ガード・コッズ部隊司令官を空爆により殺害したことで，同じく核問題を抱える北朝鮮では，第三次核危機当時の米国による「斬首作戦」（北朝鮮首脳部の排除作戦）へ

---

(50)　*Ibid.*
(51)　『Abema News』2020年1月1日。

の懸念が再び高まっているのではないか，との指摘[52]も見られた。

● 変化のなかの米朝関係

2020年5月，KCNAは金正日第1委員長が議長を務めた朝鮮労働党中央軍事委員会の会合において，核戦争抑止力を強化する新政策が議論された旨報じた[53]。この核戦争抑止力の詳細は不明だが，核兵器とその運搬手段の開発促進を意味しているとの見方もある[54]。

6月，北朝鮮の李善権外相はKCNAを通じて，トランプ政権が核兵器の先行使用や体制転換の脅しとともに，北朝鮮の孤立政策を進めるなどの政治的な得点稼ぎに終始していると批判した。かかる発言には，11月の米国大統領選挙を前に，トランプ大統領に圧力をかける狙いがあるものと指摘されている[55]。

こうしたなか，平壌国際空港付近のミサイル関連施設建設や，新型潜水艦の進水に向けた兆候，さらには平山で稼働しているウラン精製施設や，寧辺の施設における放射性廃棄物の搬出なども相次いで指摘されている[56]。

---

(52) *New York Times*, January 1, 2020.

(53) 『AFP日本語版』2020年5月24日。

(54) 宮本悟「朝鮮労働党が核抑止力の強化を機関決定」『日経ビジネス』2020年6月17日。

(55) Sangmi Cha and Josh Smith, "North Korea Says Little Reason to Maintain Kim-Trump Ties: KCNA," *Reuters*, June 12, 2020.

(56) 『日本経済新聞』2020年6月10日。

　米朝首脳会談以降，北朝鮮は米国に到達可能な射程を持つICBM発射試験や，核実験の凍結を維持するなど，トランプ大統領の面子は潰さない配慮をしてきた。しかし，昨今の世論調査でもトランプ大統領に猛追する民主党の大統領候補ジョー・バイデン（Joe Biden）元副大統領は，対北朝鮮政策として，同盟国や中国も含めた関係国とともに，六者会合の再開を想起させるような非核化交渉の推進策を打ち出している[57]。

　米国大統領選挙が近づくなか，北朝鮮も2021年以降の新たな政治状況を見据えて，粛々と核戦力の維持・強化を進めていることがうかがわれる。

---

[57]　Joseph R. Biden, Jr., "Why America Must Lead Again Rescuing U.S. Foreign Policy After Trump," *Foreign Affairs*（March/April 2020）.

3 核実験とミサイル発射試験で北朝鮮が何を得たのか

(1) 核実験と繰り返されたミサイル発射試験

これまで，朝鮮半島の非核化協議と併走して実施された北朝鮮の核実験に何度も言及してきたが，そもそも核実験やミサイル発射試験とは何のために行われるのだろうか。

写真1　北朝鮮の豊渓里核実験場

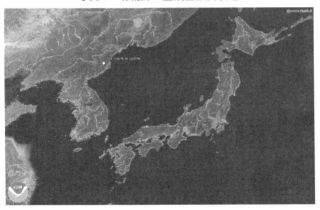

写真の出典は以下のとおり。"2006 North Korean nuclear test," Wikipedia.

●核実験の目的

米国エネルギー省が 2000 年に公開した資料(1)によれば，同

---

(1)　US Department of Energy Nevada Operation Office, "United States Nuclear Tests: July 1945 through September 1992（DOE／

国における歴史的な意味での過去の核実験は，その目的を大きく①同盟国である英国との共同核実験，②平和目的核爆発実験（※現在は禁止されている），③核兵器の安全性にかかる実験，④核兵器の貯蔵及び輸送実験，⑤他国の地下核実験を探知し，座標を特定するための能力開発試験，⑥核兵器の効果測定のための実験，そして⑦その他の核兵器に関連する諸実験に分類される。

　なお，冷戦終盤以降こうした核実験の目的もやや変化し，核爆発装置のデータ収集実験，核爆発が軍の装備品に及ぼす効果の測定，そして英国との核実験の3項目へと収斂した[2]。その後，米国では1992年に核実験モラトリアムが定められ，核実験はコンピュータシミュレーションや未臨界実験に限定される状況にある。

　世界で最多の核実験を行い，規模の上で最大級の核戦力を有する米国と，それ以外の核兵器国や，北朝鮮のような後発の実質的な核兵器保有国の核実験が，それぞれ同一目的で行われているとは言い切れない。しかしながら，上述した米国での分類は，少なくとも核実験がどのような目的で行われるのかを考える手がかりにはなると言えよう。

● 北朝鮮の核実験とミサイル発射試験

　2006年から2017年まで計6回の核実験（写真1，北朝鮮の豊渓里核実験場の座標を参照）を重ねるなかで，北朝鮮は小型化も含

　NV--209-REV15)," December 2000, p.viii.

　(2)　*Ibid.*

めて核兵器の設計を洗練させ，また核兵器運用上の様々な知見を身に着けてきたと考えられる。さらに，核実験とともに弾道ミサイル発射試験も頻回に実施してきた（巻末の表2を参照）。

それがどのような意図や計画に基づくものであったとしても，少なくとも核兵器システムの構築へと邁進する，ある種の体系立った取り組みであることを想起させるものだと言えよう。

●核兵器の生存性と第二撃能力

こうした取り組みを通じて，北朝鮮が何を得ようとしているのかを論じるのは難しい。実質的な核兵器保有国として，インドとパキスタンに続く最後発国の北朝鮮には，前述した核の闇市場ことカーン・ネットワークへのアクセスも含めて，相応に技術面での後発優位性があった可能性も指摘できる[3]。

実際に，核出力を徐々に高めていったかに見える一連の核実験や，射程を延伸させ，かつロフテッド軌道などの様々な高度をとった弾道ミサイル発射試験に続く，生存性の向上及び，核による報復第二撃能力の獲得を追求していると思しき潜水艦発射型弾道ミサイル（SLBM）の開発など，北朝鮮が短期間のうちに核兵器システムの開発段階を進めようとしているのを否定するのは難しい。

専門家のなかには，こうした開発状況を念頭に，北朝鮮がいわゆるダイアッド（dyad, ICBM と SLBM により構成される）か，或いは将来的なトライアド（triad, ICBM, SLBM と戦略爆撃機に

(3)　一政祐行『核実験禁止の研究──核実験の戦略的含意と国際規範』（信山社，2018 年）187 頁。

より構成される）の核兵器体系を構築し，核兵器使用の威嚇，若しくは実際に核戦争を戦うための体制整備に努めているとの見方もある[4]。

●ミサイル技術向上の可能性

核実験と水爆開発への懸念もさることながら，もう一つ注目すべきは戦略運搬手段としての北朝鮮のミサイル開発技術の向上である。2019 年 7 月 25 日の北朝鮮による短距離弾道ミサイル発射試験では，高度 50km，飛距離 600km 程度と低く飛ばし，レーダーに捉えられにくく，かつ迎撃の難しいディプレスト軌道をとったとする見解が日本防衛省から報じられた[5]。

一方，2020 年 3 月 21 日に北朝鮮が実施した飛翔体発射試験では，高度 40km，飛距離 410km を飛行したとされるが，このとき低高度で弾頭がいったん下降し，その後再び上昇する軌道をとったと報じられた[6]。

核実験や弾道ミサイル発射試験を重ね，かつ周辺国などに対して挑発的な軍事姿勢をとるなか，北朝鮮の核脅威は今や否応なしにその存在感を増している。こうしたなか，朝鮮半島の非核化も，当初議論されていた以上に，国際安全保障上の喫緊の課題になっていることが広く認識されるべきではないだろうか。

---

(4)　Barry Pavel and Robert A. Manning, "Rolling Back the Growing North Korean Threat," Atlantic Council, June 27, 2017.

(5)　『毎日新聞』2019 年 7 月 29 日。

(6)　『日本経済新聞』2020 年 3 月 21 日。

⑵　核戦力構築までのリードタイム

　もう一つの焦点は，最初の核実験から早15年になろうとするなか，北朝鮮の核戦力がどの程度の段階にあるのか，という点であろう。単純な比較ではあるものの，1998年に核実験を行ったインドとパキスタンのそれに照らすと，北朝鮮は，既に両国に比肩しうる核実験数をこなしていると言える。

　北朝鮮が11年をかけて6回の核実験を実施したのに対して，インドは1998年に5回（もし1974年の平和目的核爆発も加味するならば計6回），パキスタンも同年に6回の核実験を実施している。回数だけで言えば，インドとパキスタンのそれに伍する経験を積んできたことになる。

●北朝鮮の核兵器庫

　それでは，北朝鮮はどの程度の規模の核兵器を保有しているのだろうか。この点については，例えば米国や英国のように，北朝鮮の核戦力や核態勢が明らかにされているわけではない。そのため，その詳細は先行研究での推定に頼らざるを得ないが，ストックホルム国際平和研究所（SIPRI）の分析によれば，2019時点の北朝鮮の核兵器保有数は20〜30発と推定されている[7]。一方，核脅威イニシアティブ（NTI）は2019年時点の発表で，北朝鮮はプルトニウム型核兵器を10発保有している可能性が

(7)　"Modernization of World Nuclear Forces Continues Despite Overall Decrease in Number of Warheads: New SIPRI Yearbook Out Now," Stockholm International Peace Research Institute, June 17, 2019.

あるほか，兵器級プルトニウムを20〜40kg，高濃縮ウランを250〜500kg保有していると指摘する[8]。なお，IAEA保障措置が定める有為量（核兵器1発を製造するのに必要と考えられる核物質量）は，兵器級プルトニウムが8kg，高濃縮ウラン（ウラン235）で25kgだとされる。

他方，少し古い資料だが，2016年にジョンズホプキンス大学の専門家らが発表した試算では，北朝鮮は当時として年間10発〜16発の核兵器を生産可能であり，2020年までにその核兵器保有数は20発〜100発に達するだろうと見積もられていた[9]。これについて，科学国際安全保障研究所（ISIS）は2016年時点で北朝鮮が13発〜21発の核兵器を保有し，向こう18ヶ月間で4〜6発の核兵器を生産できるとの試算を明らかにしていた[10]。

これらの先行研究における数値のばらつきからは，北朝鮮が保有しているであろう核兵器庫の規模や，核兵器生産能力の推定を行うことの難しさとともに，非核化プロセスにおいて，核兵器計画の完全な申告がいかに重要かを見て取れよう。

● **核戦力構築までのリードタイム**

次に，核戦力構築までのリードタイムについて考えてみたい。主な核兵器国を見回せば，近代的な核兵器システムの多くは，

---

(8) "Nuclear Disarmament North Korea," Nuclear Threat Initiative, June 28, 2019.

(9) "Stockpile Estimates," Global Security.org.

(10) *Ibid*.

戦略運搬手段である弾道ミサイルに核弾頭を搭載した形態をとる傾向を指摘できる。それでは，ミサイル開発の文脈で，核兵器システムとして運用可能な戦力化された状況に漕ぎ着けるまでに，どのくらいの期間を要するのだろうか。

　北朝鮮のミサイル開発には相応に長い歴史がある。1976 年にエジプトから入手した旧ソ連製ミサイル・スカッドを基にして，北朝鮮は 1984 年に短距離ミサイル・火星を製造しており，その後，複数の派生型ミサイルの発射実験を行いつつ，配備を完了している（※火星には核弾頭の搭載能力があると目される）[11]。また，米国にも到達可能な 10,000km もの射程距離を有する ICBM・火星 14 は，2017 年に 2 度の発射試験（巻末の表 2 を参照）が確認され，現在も開発途中であると推測されている[12]。

　他方，核による報復のための第二撃能力として注視されるSLBM・北極星 1 については，2015 年に最初の発射が確認されて以来，専門家からは北朝鮮のミサイル技術の向上とともに，新たな核脅威の高まりを指摘されている[13]。なお，この北極星はその後 2016 年，2019 年と複数回の発射試験が確認されている。

　こうした北朝鮮の各カテゴリーの弾道ミサイルについて，その開発期間や配備状況といった詳細は必ずしも明らかではない。

⑾　『BBC News 日本語版』2017 年 3 月 13 日。

⑿　Missile Defense Project, "Hwasong-14（KN-20）," Missile Threat, Center for Strategic and International Studies, July 27, 2017.

⒀　Victor Cha, "North Korean SLBM Launch," Center for Strategic and International Studies, May 11, 2015.

しかし，核弾頭も搭載可能と推測される北朝鮮の弾道ミサイルには，長く見積もって30年余の蓄積があることになる。

●フランスの戦略核兵器開発事例

　核兵器システム構築までのリードタイムに関連して，核兵器国による過去の事例を紐解くと，興味深い事実が浮かび上がる。

　例えばフランスでは，1960年の同国初のジェルボワーズブルー（Gerboise Bleue）大気圏内核実験（鉄塔上，核出力60〜70kt）から4年後の1964年には，既にその核戦力が一部で運用可能な段階に入っていた[14]とされる。また，フランスが弾道ミサイル開発を開始したのは，最初の核実験に先立つ1959年のことであった。この年，フランスは弾道エンジン研究開発協会（SEREB）を発足させ，射程3,500kmの地上発射型及び海上発射型弾道ミサイル開発を目指すプロジェクト「貴石（Precious Stone）」に着手した。

　1965年，フランスは初の衛星打ち上げに成功するとともに，やはり初の中距離弾道ミサイル・SSBS S2の発射試験を開始した。その後，マルセイユとリヨンの中間に位置するプラトー・ダルビオン（Plateau d'Albion）に18基の核サイロを設置し，1971年にはプルトニウム型核弾頭 MR-31（核出力120kt）を搭載するミサイル部隊の運用を開始するに至っている。

---

(14)　"French Nuclear Program," Atomic Heritage Foundation, February 14, 2017.

● フランスの戦術核兵器開発事例

　他方，このフランスの事例でもう一つ興味深いのは，戦術核兵器の開発である。1965 年に開発が開始された低核出力の戦術核爆弾 AN-52（核出力 6〜25kt）と短距離弾道ミサイル・プリュトン用の戦域ミサイル弾頭 AN-51（核出力 10〜25kt）は，いずれも 1972 年から 1973 年にかけて，それぞれ核兵器庫に収められた[15]。

　即ち，フランスのケースでは，核弾頭を搭載する弾道ミサイルの開発をゼロから開始して，中距離弾道ミサイル発射試験に至るまでに約 6 年，核兵器システムとしては約 12 年近い歳月を経て，戦略核兵器の実戦配備へと至ったことになる。また，戦術核兵器について言えば，開発開始から核兵器庫への配備まで，約 6〜7 年の歳月を要していることが分かる。

● 核兵器の小型化（弾頭化）プロセス

　ちなみに核兵器国が開発する核兵器の小型化プロセスについて，日本防衛省が発表した Web 資料によれば，米国の場合，6 年がかりで核実験を全 12 回，ソ連が 4 年がかりで核実験を全 4 回，英国は 4 年がかりで核実験を全 5 回，フランスは 2 年で核実験を全 5 回，そして中国がやはり 2 年で核実験を全 3 回行うことによって，それぞれ実現したとされる[16]。参考までに

(15)　"France's Nuclear Weapons: Origin of the Force de Frappe," Nuclear Weapon Archive.org, December 24, 2001.
(16)　「北朝鮮による核・弾道ミサイル開発について」防衛省，2020 年 1 月。

付言すれば，最初の核実験は米国が1945年，ソ連が1949年，英国は1952年，フランスは1960年，中国は1964年である。

　これらから推測するに，時代が下るにつれて核兵器システムの構築や核兵器の小型化（弾頭化）に要するリードタイムは相応に短縮されていると見てよいであろうし，北朝鮮にこうした図式が当てはまらないと考えるべき理由も見当たらない。日本の『防衛白書』においても，核実験を通じた技術的成熟などを踏まえれば，弾道ミサイルに搭載するための核兵器の小型化・弾頭化を既に実現していると見られると指摘されている[17]。

(3)　水爆と高高度核電磁パルス（HEMP）攻撃能力の獲得宣言

　北朝鮮の核戦力整備に関して，その直近の先例にあたるインドやパキスタンの核開発とは少し様相が異なるのが，2017年9月に『労働新聞』で発表された核電磁パルス，即ち高高度核電磁パルス（HEMP）攻撃能力の獲得にかかる宣言である。

●核実験史とHEMP

　HEMPは大気圏内核実験の歴史において，1963年の部分的核実験禁止条約（PTBT）の発効以前に，米ソ2カ国のみが実施した高高度核実験で実証された現象であり，程度の差こそあれ，停電や発電所火災，通信ケーブルの溶融など，地上のインフラに対する物理的影響が報告されている[18]。

(17)　『防衛白書』（防衛省，2020年）92頁。
(18)　一政祐行「米ソの大気圏内核実験と高高度電磁パルス（HEMP）

図1　HEMP 発生の概略と北米における HEMP の影響想定図

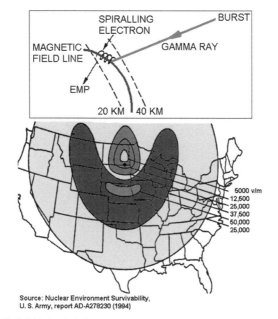

図の出典は以下のとおり。"Nuclear electromagnetic pulse," Wikipedia.

　こうした高高度核実験は奇しくも米ソともに 1950 年代後半から 1962 年の期間に集中しており，その回数も（※ソ連の核実験は資料によって実施回数などに差異があるものの）それぞれ 10 回前後と均衡していた[19]。

　研究」『CISTEC journal』No.173（2018 年 1 月）61〜62 頁。
(19)　前掲論文，54〜63 頁。

●HEMP の発生原理

　HEMP は，核爆発で生じたガンマ線が大気中の水蒸気とコンプトン効果による反応を起こすことで発生し，地上の電線などへ大電流を流し込み，それらと接続された電子機器を破壊してしまう。HEMP は短時間に強い電磁パルス（EMP）を生じる初期 EMP（E1EMP），稲妻に近い特性を持つ中期 EMP（E2EMP），そして太陽嵐に似た後期 EMP（E3EMP）から構成される特異な現象であり[20]，後の理論研究では地表における E1EMP の電界強度分布なども考察されている（図1を参照）。

　しかしながら，歴史上の高高度核実験では，米ソともにそれぞれ僅か1回しか HEMP の実証事例が報告されていない。そのため，HEMP 効果を巡っては，上空の電離層における回析などの不確定要因があるものと推察される[21]。

　なお，HEMP 攻撃が現実に起これば，電力網や通信環境などが不可逆的に破壊され，社会インフラが19世紀に逆行するとの懸念が論じられているが，これについては脅威を誇張し過ぎているとの反論もある。

　いずれにせよ，大気圏内核実験は1963年の部分的核実験禁止条約（PTBT）以降禁止されており，その効果を検証するのは困難である。

----

(20)　EMP Commission, "Report of the Commission to Assess the Threat to the United States from Electromagnetic Pulse (EMP) Attack Volume 1: Executive Report," p. 4.
(21)　一政「米ソの大気圏内核実験と高高度電磁パルス（HEMP）研究」。

● 核兵器の運用戦略と HEMP

核兵器の運用として，高高度で核爆発させる HEMP 攻撃が真正面から議論された事例が過去にどれほど存在するのかは定かではない。

しかし，旧ソ連／ロシアにおいては，多量の中性子線を発する核爆発装置を用いることで，通常であれば電界強度が50kv/m程度のところ，爆心地直下の地上で200kv/mを発揮する強化型EMP兵器（super EMP weapon）開発が行われたとされる[22]。

問題は，こうした兵器が冷戦後に拡散した可能性が報告されている点にあり，具体的には，北朝鮮に強化型 EMP 兵器に関わった技術者が頭脳流出したとされる[23]。

● 懸念される北朝鮮の HEMP 攻撃能力

この関係でもう一つ，第1回目の核実験以降，北朝鮮がHEMP攻撃能力を獲得することへの懸念が，米国議会の EMP 攻撃脅威評価委員会関係者から相次いで表明されてきた[24]ことにも言及せねばならないだろう。

2017 年の『労働新聞』報道がいかなる意図で発せられたのかは定かではない。しかし，一部の米国議会関係者らによる，北朝鮮の HEMP 攻撃能力獲得への脅威認識と，その議論の高

(22) Clay Wilson, "High Altitude Electromagnetic Pulse（HEMP）and High Power Microwave（HPM）Devices: Threat Assessments," *CRS Report for Congress*（March 26, 2008），p.12.
(23) *Hill*, May 12, 2017.
(24) *Ibid*.

59

い公開性・透明性が仇となり，北朝鮮の核政策に何らかの影響
を及ぼした可能性も考慮しない訳にはいかないのではないだろ
うか。

4 北朝鮮の核兵器計画をどう監視するか

(1) 国際的な核実験監視体制

　北朝鮮が核実験を行う以前の段階では，枠組み合意から六者会合に至るまで，IAEA 保障措置が原子力を軍事転用していないことを検証し，非核兵器国としての北朝鮮の在り方を問い直す重要なツールとなっていた。しかし，核実験が繰り返され，北朝鮮が実質的な核兵器保有国と見なされる状況が生起するようになると，包括的核実験禁止条約（CTBT）の備える核実験の早期探知及び検証のためのインフラに注目が集まるようになった。

　2020 年現在，CTBT は署名開放から四半世紀に近づこうとしているが，特異な発効要件によって，条約は未発効のままである。発効要件国には，六者会合参加国である米国と中国（いずれも署名済み，未批准），そして北朝鮮（未署名，未批准）などが含まれている。

● CTBT の検証制度

　未発効の CTBT だが，その条約及び議定書が定める核実験監視網の一部が，今日に至るまで暫定運用として稼働している。具体的には全世界 321 カ所に設置された地震学的監視，放射性核種監視，水中音波監視及び微気圧振動監視のための観測施設

と，16カ所の放射性核種に関する公認実験施設によって構成される国際監視制度（IMS），そしてIMSで得られたデータを分析し，締約国の要請に応じて提供する国際データセンター（IDC）がこれに該当する。

　北朝鮮によるものも含めて，地下核実験の痕跡をおさえる上で重要視されるのは放射性希ガス検知である。放射性希ガスのキセノンやアルゴンは，いずれも地下核実験に付随して生じる特徴的な副産物と見なされる。これらは必ずしも地表に噴出し検知できるとは限らないものの，北朝鮮の核実験では，2006年と2013年に希ガスが検知されている。

　なお，条約が発効するまで発動はできないが，核実験検証のための最後の砦として，CTBTには相手国への侵入度（intrusiveness）の高い現地査察制度も設けられている。

● 自国の検証技術手段（NTM）

　このほか，CTBTでは各国が独自に運用する核実験監視のための自国の検証技術手段（NTM）を認めている。NTMの代表的なものとしては，米空軍の大気収集機WC-135コンスタント・フェニックスのほか，日本の航空自衛隊のT-4練習機やC-130輸送機による，大気中の放射性希ガス採取のための活動事例が挙げられる。

　しかし，NTMは全ての関心国に手の届く検証手段ではない。全ての加盟国が利用可能な大規模な検証インフラを擁し，包括的に核実験を禁止するCTBTが朝鮮半島の非核化の，特に不可逆的な核廃棄にかかる部分で，将来重要な役割を担うことが

期待される。

(2)　高まる衛星画像解析の価値

　こうした CTBT の検証制度以外にも，核実験監視の手段は近年，大きくその裾野を広げている。

　かつては一握りの国しかアクセスできない NTM であった高解像度の衛星写真も，現在では安価で品質の良い商用衛星画像の利用が世界的に普及している。

写真2　38North による衛星画像解析

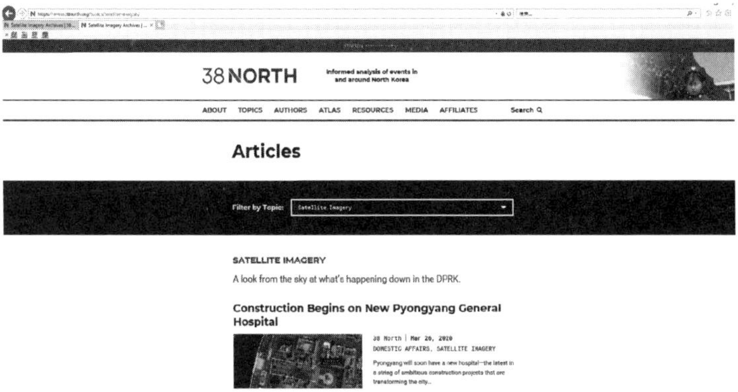

●衛星画像分析と "38North"

　商用衛星画像解析を通じた北朝鮮の核兵器関連の動向分析で国際的に知名度があるのが，米国スティムソンセンターの運営する 38 North であろう（写真2を参照）。38North では過去の核実験やミサイル発射試験，さらには核分裂性物質生産に関わると思しき寧辺等の施設について，画像解析・分析を行っている。

　また，これは必ずしも商用衛星画像解析のみによる検証アプローチではないが，2016年には米国の核脅威イニシアチブ（NTI）が北朝鮮の豊渓里核実験場と，地下核実験施設のトンネルに対する三次元モデル分析を行って注目を集めた[1]。

　これらはいずれもWebへのアクセスが日常茶飯事の現在において，関心を有する全ての人々が参照できる，オープンソースの核計画監視手段だと言えよう。

(3)　一度手にした核兵器を解体・廃棄できるのか

　2006年の核実験以降，北朝鮮が一度手にした核兵器を廃棄するか否かについては，もっぱら悲観的な見解が多く示されている。例えば，佐藤は米朝首脳会談を経て，北朝鮮が米国との対等な交渉を成立させた力の源泉こそ核兵器であり，その核兵器とミサイルが失われれば，貧困と圧政に苦しむ小国に対して，米国がその政治的価値を留意する必然性は少ないと指摘する[2]。

　同様に，渡邊も北朝鮮にとって韓国に対する優位性を維持し，かつ体制の生存に欠くことのできない核兵器を手放すことは難しい旨指摘する[3]。

　一方，より前向きな議論もある。太田は，六者会合での検証可能な非核化の合意と経済制裁強化で「二兎を追った」結果が

---

(1)　"North Korea's Nuclear Year in Review – And What's Next," Nuclear Threat Initiative, December 20, 2016.

(2)　佐藤丙午「北朝鮮は本当に「非核化」できるのか？　日本が直面する重い課題」『現代ビジネス』2018年6月27日。

(3)　渡邊武「不拡散における誘因の欠如」『防衛研究所紀要』第19巻第2号（2017年3月）84〜87頁。

核実験に繋がったとし，疑心暗鬼の払拭とともに，北朝鮮国内の和平派に塩を送るべく，改めて非核化の見返りなどのインセンティブを最大化するシグナルが必要だと説く[4]。

　こうした朝鮮半島の非核化の可否を問う議論の参考になるような，検証可能な非核化の事例は，実は数えるほどしかない。その一つは南アフリカ（以下，南ア）であり，もう一つはリビアである。

●南アフリカの核廃棄

　南アのNPT加盟は1991年7月のことである。このとき，IAEAと南アが締結したフルスコープ保障措置協定に基づき，核燃料サイクルを含む南アの核関連施設と，核物質在庫量の計量管理記録の完全性に関する検証・査察が実施された[5]。

　その後1993年3月，フレデリク・ウィレム・デクラーク（Frederik Willem de Klerk）大統領は，南アがかつて核兵器を保有したこと，そしてそれらを実質的に解体したとの声明を発表した。これを受けて，IAEAが査察官と核兵器国専門家による2つのチームを編成し，鍵となる核兵器計画関連施設への査察を実施した。

　なお，1990年2月の南ア大統領命令により，完成していた

(4)　太田正克「北朝鮮の核問題を解決する道はどこにあるのか」自衛隊を活かす会（編）『米朝首脳会談後の世界——北朝鮮の核・ミサイル問題にどう臨むか』（かもがわ出版，2018年）59〜61頁。

(5)　Adolf von Baeckmann, Garry Dillon and Demetrius Perricos, "Nuclear Verification in South Africa," *IAEA Bulletin*, No.1（1995），p.42.

核兵器6発と，組み立て途中であった7発目の核兵器は全て解体済みであり[6]，また核施設も既に同国政府によって閉鎖された状態にあった。そのため，保障措置査察の焦点は，核兵器計画に使用された全ての核物質がIAEAの検証のもとに置かれているか，そして核兵器関連の施設や，構成部品が解体・廃棄されているか否かを検証することに当てられた。

当時，カラハリ砂漠に設置されていた核実験場についても，その閉鎖にIAEAが立ち会った。このほか，核兵器解体に関する情報収集や，南ア政府によって提供された核兵器計画の完全性と正確性が検討され，また将来的に核兵器開発能力が再生されない保証の維持（不可逆性確保）のための戦略協議などがIAEAの活動を通じて実施された。

この結果，南ア側の記録，施設，残存していた核兵器の非核部品，そしてパイロット濃縮プラントで生産された高濃縮ウランの推定量など，いずれも申告内容と検証結果が一致すると確認された[7]。

● リビアの核兵器開発計画廃棄

2003年3月，リビアはイラク戦争の惨状を目の当たりにし，自ら核兵器開発計画を放棄する旨，米国と英国に特使を送って

---

(6) "Nuclear Disarmament South Africa," Nuclear Threat Initiative, January 2, 2019.

(7) *Ibid.*, pp.42-46；一政祐行「2-7 核軍縮の検証措置及び不可逆性」『NPTハンドブック』（一般社団法人日本戦略研究フォーラム，2017年）。

表明するとともに，核，生物，化学兵器と弾道ミサイル計画の詳細を併せて申告した[8]。それとともに，IAEA の即時・全面的な査察の受け入れに同意する見返りとして，リビアの体制保証を求めた。

　リビアは天然ウラン，遠心分離機及び核兵器の設計図を外部から入手していた。しかし，ウラン濃縮は産業レベルに規模を拡大する前段階に留まっており，また，パキスタンのカーン・ネットワークから核兵器設計図を入手していたものの，それを理解する技術的知見は，遂に獲得できなかったとされる[9]。他方，核拡散上の機微情報である大部の核兵器設計関連の資料や，パキスタンから入手した P-2 型遠心分離機などは核兵器国である米国と英国が処分し，高濃縮ウランは国外搬出によってロシアが回収した[10]。2003 年 12 月と 2004 年 1 月に IAEA 事務局長以下，査察団がリビア国内で 18 カ所の核関連施設を訪問し，未申告活動の検証を実施した[11]。

　こうした活動を踏まえ，モハメド・エルバラダイ（Mohamed Elbaradei）IAEA 事務局長は，リビア政府が保障措置査察で要求した全ての場所への無制限のアクセスを了承し，かつ情報提供の要請にも即座に対応したとして，リビア側の協力姿勢を評

---

(8)　"Libya: Nuclear," Nuclear Threat Initiative, January 2015.

(9)　*Ibid.*

(10)　「非核化の技術的プロセスとその検証について」国立研究開発法人日本原子力研究開発機構核不拡散・核セキュリティ総合支援センター，2018 年 10 月 4 日。

(11)　Nuclear Threat Initiative, *op. cit.*, (note 8).

価する報告を発表した[12]。

●イラクでの大量破壊兵器査察

　他方，大量破壊兵器開発・保有の疑惑そのものがイラク戦争
開戦に向けた米国や英国の情報操作であったとして，後に批判
を受けた[13]イラクを巡る大量破壊兵器査察も，やや特殊なケー
スではあるものの，少し言及しておきたい。これは安保理決議
（決議第687号，決議第1284号）に基づき行われた，イラクでの国
連大量破壊兵器廃棄特別委員会（UNSCOM）と国際連合監視検
証査察委員会（UNMOVIC）のことを指す。

　UNSCOM，UNMOVIC は，それぞれ湾岸戦争とイラク戦争
の前後に活動し，空撮写真，イラクによる輸入の追跡情報，そ
して諜報や監視衛星で得られた情報などに依拠し，侵入度が極
めて高い検証・査察活動を実施した[14]。安保理のマンデートに
沿うかたちで，膨大な数の疑わしい施設に査察団がアクセス
し[15]，ときにはイラクの大統領宮殿にすら査察団が立ち入りを
求めたとされる[16]。

---

(12)　"IAEA Verification of Libya's Nuclear Programme," IAEA,
　　　March 10, 2004.

(13)　海部一男「イラク戦争におけるブッシュ政権の情報操作とメディ
　　　アの責任」『NHK 放送文化研究所年報』（2004 年）78〜79 頁。

(14)　Trevor Findlay, "The Lessons of UNSCOM and UNMOVIC," in
　　　VERTIC, ed., *Verification Yearbook 2004*, VERTIC, 2004, pp.67-68.

(15)　"UNMOVIC/IAEA Weapons Inspection Database," VERTIC,
　　　November 27, 2002.

(16)　*Wall Street Journal*, September 18, 2002.

　しかし，結果的に未申告の大量破壊兵器や，それらに関連する生産施設は発見されず，その一方でイラクが単独，もしくはUNSCOMの監視下で，大量破壊兵器の開発・生産能力を破棄していたことが確認されたのだった[17]。

◉非核化検証を北朝鮮に求める難しさ

　これらの歴史的事例を踏まえた検証アプローチを，将来の朝鮮半島の非核化にそのまま当てはめるのは容易なことではない。

　南アの非核化事例は，核兵器保有とそれらの解体の発表が同時になされており，非核化の検証は保障措置査察の延長線上で実施された。一方，リビアの事例では，核兵器開発自体が未だ道半ばの状態であり，そうしたなかで非核化プロセスが進められた。他方，イラクの場合，安保理決議によって途方もない規模と侵入度での査察活動が実現したが，これらを他国での非核化検証事例に援用するのは，そもそも不可能である[18]。

　既に最初の核実験から10年以上が経過し，核兵器システムの開発に今も邁進している北朝鮮の非核化と，南アやリビアの事例とが大きく前提を異にするのは言を俟たない。また，古川が指摘するように，北朝鮮が南アのように検証に協力的な対応をとり，かつリビアのように短期間で検証を行いうるだけの土

---

(17)　Trevor Findlay, "Looking Back: The UN Monitoring, Verification and Inspection Commission," *Arms Control Today* (September 2005).

(18)　Paul Kerr, "Lessons Learned from Denuclearizing States," *Arms Control Today* (May 2019), p.16.

壊があるのか，そしてイラクで国連が実施したような，大部隊を投入する人海戦術が閉鎖的な北朝鮮で通用するのか，といった論点[19]も一考の必要があるだろう。

　いずれにしても，これらの歴史的教訓から導き出されることとして，核兵器計画にかかる申告情報の完全性や，検証・査察への協力姿勢といった点は，非核化の成果に直結する重要な項目だと言えよう。

● 検証・査察と侵入度

　一方，検証に伴う侵入度への考慮も避けて通れない課題である。一般に，軍備管理条約などに備わる検証・査察制度では，軍関係の施設など，安全保障上の機微に触れる場所への立ち入りが求められる場合が多い。申告情報を確認し，合意違反の事実を早期に検知するためにも，検証・査察の有効性を高めるべく，こうした侵入度の高い措置が講じられるのである。しかし，このとき合意された場所や，事物以外の機微情報が査察官の目に触れてしまうリスクは常にある。

　そのため，検証を受ける側（被査察国側）は，検証・査察の目的以外の機微情報を適切に保護し，かつ査察の目的が達せられるよう，代替的な措置を講じるなどの工夫を行うことになる。同時に，検証・査察を実施する側も，目的以外の機微情報にアクセスせず，また知り得た被査察国側の機微情報は適切に保護

---

(19)　古川勝久「『米朝首脳会談』実現しても，非核化には実際こんなに時間がかかる」『現代ビジネス』2018 年 5 月 29 日。

する義務を負うことになる[20]。

　朝鮮半島の非核化においても，検証・査察措置を具体的に検討する段階になれば，こうした侵入度を巡る課題に対処できるメカニズムが要求されることになるのではないだろうか。

●非核化と検証のタイムテーブル

　北朝鮮に何度も足を踏み入れたジークフリード・ヘッカー（Siegfried Hecker）元米国ロスアラモス国立研究所所長らは，2018年に段階的な朝鮮半島の非核化と，その検証にかかるタイムテーブルを報告書として取りまとめた[21]。

　同タイムテーブルは，①核兵器，②核兵器の開発関係者，③核実験，④ミサイル発射試験，⑤プルトニウム，⑥水爆用の核分裂性物質（トリチウム及びリチウム6），⑦濃縮ウラン，⑧核不拡散の各事項について，廃棄すべき重要事項と，より柔軟な管理も可能な事項とに分類し，それぞれ短期間（1年）での停止，中期間（2〜5年）での削減，そして長期間（6〜10年）での廃棄，或いは上限設定として整理することで，非核化プロセスの全体像を提示した。（詳細は巻末の表3を参照。）

　ヘッカーらの検討結果が優れているのは，核兵器計画を構成

---

(20)　Wyn Q. Bowen, Hassan Elbahtimy, Christopher Hobbs and Matthew Moran, *Trust in Nuclear Disarmament Verification*, Palgrave Macmillan, 2018, p43.

(21)　Siegfried S. Hecker, Robert L. Carlin and Elliot A. Serbin, "A Comprehensive History of North Korea's Nuclear Program," Stanford Center for International Security and Cooperation Freeman Spogli Institute, May 28, 2018.

する主要事項に対して，それらを短期間で一通り停止させるという，目に見える成果を求めやすい点だと指摘できる。他方，中期以降は不可逆的な非核化に踏み込む措置が増えるため，北朝鮮側の非核化に向けた真意が早い段階で露呈する可能性が高い。また，その先に設定された長期的な検証プロセスでは，前例に乏しい核弾頭の解体廃棄や，政治的なハードルとなるNPT再加盟やCTBT署名などが並ぶ点が注目される。

●段階的な非核化の是非

　なお，米国トランプ政権では紆余曲折はあれども，段階的な非核化アプローチを求める北朝鮮に対して，非核化の進展状況に応じた制裁緩和などの見返りを与える手法を否定し，あくまでも最終的な非核化ロードマップの合意を要求してきた[22]。これは第2章でも俯瞰したとおり，過去の北朝鮮との交渉の教訓を踏まえたアプローチとして見れば理解しやすい。

　一方，政治的な意味合いは別としても，専門的な見地から，段階的な非核化を検証可能な形で進めることこそ重要だとして，保有する核物質の申告と生産停止及び検証，核弾頭，核関連施設，ミサイル関連施設の申告及びその解体・廃棄と検証，CTBT加盟，NPTへの完全復帰を，いずれも時間制限を設けたうえで進めるべきとの見方もある[23]。前述したヘッカーらの

(22)　『日本経済新聞』2019年3月12日。

(23)　新たな原子力・核不拡散に関するイニシアチブ研究「北朝鮮非核化に関する日本政府への提言――北東アジアにおける核の脅威削減と新たな安全保障の構築を視野に――」（公益財団法人笹川平和財団，

タイムテーブルも，これと同様の発想に則ったものであり，北朝鮮の合意遵守状況が適切に検証できるのであれば，かかる発想にも一定の合理性を見てとることができよう。

●非核化のアプローチと合理性

　政治的には様々な考え方のある朝鮮半島の非核化問題だが，求められる非核化のアプローチは，ある程度，合理性を根拠に絞り込むことが可能であるように考えられる。

　具体的には，過去の軍備管理・軍縮条約における検証・査察制度の教訓や，IAEA 保障措置，CTBT の核実験監視，さらには次章で述べる非核兵器国も交えた核弾頭の解体廃棄検証の最新の知見を織り込むことが挙げられる。さらに，機微情報の保護も含めて北朝鮮の国家主権を尊重する形で，完全な核計画の申告をベースに，非核化プロセスとその検証を進めることが求められよう。逆に言えば，こうした非核化アプローチを採らない場合，日本も含む多くのステークホルダーが納得できる，包括的で検証可能，かつ不可逆的な核兵器解体の方策を見出すのは現状では難しいのではないだろうか。

　また，非核化プロセスを追求するにあたっては，北朝鮮の協力姿勢が一にも二にも重要なポイントになる。こうして，長期にわたる検証活動を遂行するべく，必要な人的・技術的基盤を北朝鮮へ送り込み，申告情報と検証・査察活動の結果を照らし合わせ，監視を維持する活動を地道に行う必要がある。

2020 年 2 月）2 頁。

● 核計画の逆戻りには手遅れか

しかしながら，今や時既に遅しで，北朝鮮に非核化を求めるのは困難だとする厳しい指摘があるのも事実である。

2016年，韓国『ハンギョレ』誌のインタビューで，ペリー元米国国防長官は，北朝鮮の非核化に向けて現実味のある戦略は存在せず，北朝鮮の核計画を逆戻りさせるには既に手遅れであるとし，できることは被害を限定することだけだと語っている[24]。2017年にはスウェイン（Michael D. Swaine）も朝鮮半島の非核化は長期的目標であって，短期的に追求すべき現実的課題は北朝鮮の抑止と封じ込め，そして様々な危機管理のための措置だと提唱した[25]。

● 求められる広い目配りと粘り強い外交努力

いずれにしても，北朝鮮の核問題は一国・一地域の安全保障問題にはとどまらない。核問題が再燃しかけているイランはもとより，こうした核拡散の事案を間近に見ている潜在的な核拡散者（国）に対して，国際社会が核の拡散を許容するかのような誤ったシグナルを送る結果になってはならない。このとき，核不拡散の国際規範や，安保理決議を軽んじる風潮が生じないよう，幅広い目配りと，原理原則に依拠した粘り強い外交努力が必要なのは言うまでもない。

---

(24) "Interview: Former US Secretary of Defense Favors 'Three Nos' on North Korean Nukes," *Hankyoreh*, October 3, 2016.

(25) Michael D. Swaine, "Time to Accept Reality and Manage a Nuclear-Armed North Korea," Carnegie Endowment for International Peace, September 11, 2017.

5 検証可能な非核化の現在と未来

(1) 検証可能な非核化とは何を意味するのか

　朝鮮半島の非核化においては，核兵器計画の全容が不明なうえに，IAEA の保障措置査察の受け入れを北朝鮮が拒否してから，既に 10 年以上が経過している。そのため，保障措置に依拠した非核化検証を進めるにしても，これまでに生産された全ての核兵器と兵器用核分裂性物質，核兵器関連の全ての施設，ウラン濃縮施設や使用済み核燃料の再処理施設に関する完全な申告情報をもとに，20 年近くもブランクのある関連記録の精査から着手せねばならない。そもそも，入口としては北朝鮮側がそうした要求を受け入れ，非核化のロードマップを明かにするというのが，完全な非核化に向けて不可欠である。

● 完全な申告

　振り返って見れば，2008 年 5 月 8 日，北朝鮮が 5MWe の黒鉛減速炉と再処理施設について，1 万 8 千頁にのぼる運転記録を提出したことがあった[1]。しかし，これには北朝鮮の濃縮施設に関する情報が欠落していたため，申告の完全性という点では不十分な内容であった。

---

(1) Kelsey Davenport, "Chronology of U.S.-North Korean Nuclear and Missile Diplomacy," Arms Control Association, March 2020.

　北朝鮮においては，これまでのところ兵器用核分裂性物質の
生産基盤情報が不明瞭なままである。報道によれば，第2回米
朝首脳会談で北朝鮮側が閉鎖を提案したとされる寧辺科学研究
センター（Yongbyon Nuclear Scientific Research Center）は，兵器
用核分裂性物質の生産拠点だと考えられている[2]。

　また，判明している限りにおいて，寧辺には5MWeの黒鉛
減速炉（写真3を参照）が設置されているほか，プルトニウムを
分離させるための再処理施設，そして最低でもウラン濃縮施設
が1カ所，燃料加工施設，使用済み核燃料貯蔵施設，医療用放
射性同位元素生産用の小型研究炉及び，建設中の発電用軽水炉
があるとされる[3]。

　しかし，寧辺以外にも隠された核施設が存在する可能性は否
定できない。オルブライトとバークハード（David Albright and
Sarah Burkhard）らは，北朝鮮のカンソン（Kangsong）と呼ばれ
る地域に秘密のウラン濃縮施設があり，そこには6,000〜
12,000基のP-2型遠心分離機が設置され，兵器用核分裂性物
質が生産されている可能性があると指摘する[4]。

　それでは，こうした未申告施設の存在も念頭に，国際社会は
いかにして検証・査察を進めればよいのだろうか。

(2)　*AP News*, February 22 2019.

(3)　Sharon Squassoni, "North Korea's Fissile Material Production:
How to Know It's All Gone," 38 North, March 13, 2019.

(4)　David Albright and Sarah Burkhard, "Revisiting Kangsong: A
Suspect Uranium Enrichment Plant," Institute for Science and
International Security, October 2, 2018.

写真 3　寧辺科学研究センター

写真の出典は Wikipedia より。
"Nyongbyon Nuclear Scientific Research Center," Wikipedia.

● 核計画の申告から検証へ：有識者の議論

　この点について，スクアッソーニ（Sharon Squassoni）は申告情報の検証には北朝鮮の協力が不可欠であり，かつ未申告の核施設が存在する可能性も念頭に，伝統的な IAEA 保障措置の範疇を超える措置が必要だとして，(1)核分裂性物質の生産停止とその監視，(2)既存の北朝鮮の核分裂性物質生産施設での計量管理，若しくは検証可能な形での施設閉鎖，そして(3)申告済みの原子炉，濃縮・再処理施設の検証可能な形での解体を提案している[5]。

(5)　Squassoni, "North Korea's Fissile Material Production: How to

　秋山は非核化の対象は政治的な論点である一方で，技術的には核兵器，ミサイルとその発射基，核物質，寧辺の核施設及びそれ以外の地域の関連施設に加えて，ウラン鉱山や科学者，核兵器開発関連データなど，検証対象は広範に及びうるとし，うち一部の施設などについては保障措置下に置くことで検証を担保できる可能性があると論じている[6]。

⑵　CVID と FFVD

　六者会合で世に出た CVID という考え方だが，これを主権国家である北朝鮮に要求し，その核兵器システムや全容不明の核施設，核計画全般に対して遺漏なく実施するのは，核軍備管理・軍縮史に前例のない難事業だと考えられる。(表1を参照。)

●揺らぐ非核化のスローガン

　しかしながら，CVID を巡る近年の政治的動向を見ると，その実情も今や大きく揺らいでいる印象は否めない。例えば 2018 年 4 月の朝鮮半島南北首脳会談にて発出された板門店宣言では，韓国と北朝鮮が完全な非核化を通じた核のない朝鮮半島という共通のゴールの実現について確認する，との文言以外，CVID に該当する文言はおろか，具体的な非核化プロセスや検証などには一切言及されていない。

　また，同年 6 月に行われた米朝首脳会談及び，その後に発表

Know It's All Gone."

(6)　秋山信将「コラム：北朝鮮の『非核化』をめぐる論点整理」日本国際問題研究所，2018 年 6 月 8 日。

表1　CVID で要求されるべき非核化の要件

包括的 (comprehensive)	申告内容の完全性（核兵器備蓄も含む）
検証可能 (Verifiable)	申告内容の検証に求められるアクセスの提供及び協力
不可逆的 (irreversible)	施設の閉鎖或いは転換，管理の連鎖と継続的監視の許容（人材の管理も含む）
廃棄 (dismantlement)	核兵器については核物質と爆薬の分離を含む廃棄プロセス全体の透明性の担保（核関連施設については閉鎖から解体プロセスへの立ち会いを含む）

（出典：筆者作表）

　された共同声明にも CVID の文字はなく，前述した 2018 年 4 月の板門店宣言を確認する文脈で，北朝鮮による朝鮮半島の包括的な非核化 (complete denuclearization of the Korean Peninsula) への関与という文言のみが記載され，そしてやはり，検証可能性と不可逆性のいずれにも言及がない。

　一方，CVID としばしば対比され，まさに米朝関係における政治的観点から生まれたと考えられる非核化のスローガンに，前述した「最終的に完全に検証された非核化」こと FFVD がある。トランプ政権下で米朝首脳会談に向けた地ならしが進むなか，2018 年 7 月，北朝鮮の嫌うとされる CVID という言葉を使わないよう，米国政権内に指示が出されたと報じられた[7]。

　同年 8 月から米国の北朝鮮担当特別代表を務めるステファン・ビーガン (Stephen Biegun) は，FFVD について，全ての大

---

(7)　『朝日新聞』2018 年 7 月 29 日。

量破壊兵器とその運搬手段，そしてそれらの生産手段の廃棄を
意味するとしている[8]。

●「完全な非核化」の含意

　それでは，北朝鮮にとってCVIDという文言には合意でき
ずとも，FFVDの「完全な非核化」なら飲めるということが
一体，何を意味するのだろうか。ただ単に「完全な非核化」と
だけ言う場合，「包括的で検証可能かつ不可逆的な」という要
素が欠落してしまう。これは前掲の表1に照らすと，非核化の
重要な領域が含まれないことになりかねない。他方，FFVD
にしても「最終的に」や「完全に」を誰がどのように定め，か
つ実際に評価するのか，そして「完全に検証される」ことをい
かなる手段で担保するのかが明らかではない。

　この「完全な非核化」の含意について，ヒンダーステインと
ベドナレク（Corey Hinderstein and Alex Bednarek）らは，それが
核兵器の全く存在しない状態なのか，それとも北朝鮮がNPT
に復帰したとして，同条約が認める原子力の平和利用も含めて，
一切の原子力関連施設が存在しない状態なのか，関係各国の合
意を形成するのが難しいと指摘する[9]。また，核兵器が存在し
ない状況一つをとっても，それが核弾頭を搭載可能なミサイル

---

(8)　Sang Hyun Lee, "Denuclearizing North Korea: Challenges and
Opportunities after Hanoi," *Focus Asia*, September 2019, p.9.

(9)　Hinderstein and Bednarek, "5 Questions About Verifying North
Korean Denuclearization," Carnegie Endowment for International
peace, October 5, 2018.

も存在しない状態なのか，その場合，どの程度の射程距離を持つミサイルが「完全な非核化」のもとで破棄されねばならないのかなどが不明だとしている[10]。

　朝鮮半島の非核化はCVIDが大前提なのは言うまでもない。しかし，こうした指摘にも首肯けるところがある。いずれ，将来六者会合が再開された暁には，「完全な非核化」について，全ての参加国が合意可能な定義が求められることになるのではないだろうか。

(3)　非核化を巡る新たな言説

　さて，朝鮮半島の非核化の方向性を考えるうえで，無視できない鋭い言説の一つに，2008年のヘッカーによる「3つのノー」提案があった[11]。

●「3つのノー」

　これは，具体的には北朝鮮の求める安全を保証し，エネルギー欠乏及び経済的困窮に応えるのと引き替えに，北朝鮮に核兵器の増産，核兵器の改良（※核実験を行わないことの意），そして核拡散（※輸出，技術移転を行わないことの意）をいずれも禁ずるというものである。

　これらの点から，「3つのノー」とはCVIDでもなければ昨今のFFVDでもない，現状での核能力の凍結を求めたアプロー

---

(10)　*Ibid.*

(11)　Steve Fyffe, "Hecker Assesses North Korean Hydrogen Bomb Claims," *Bulletin of the Atomic Scientists*, January 7, 2016.

チであったと整理できよう。しかし，ヘッカーは 2016 年の時点で，既にこのやり方は難しくなったと述べた[12]。

●「新たな 3 つのノー」

　2018 年，ヘッカーは北朝鮮を巡る核リスクの低減が重要だとして，核実験，長距離ミサイル発射試験，そしてプルトニウム生産をいずれも行わないよう，「新たな 3 つのノー」を北朝鮮に求めるよう提案した[13]。これは旧「3 つのノー」に対して，実質的に ICBM 発射試験の禁止を加えたものであり，当時の米国の安全保障上の懸念を最大限に反映する意図が織り込まれていたと見て良いであろう。

●条件付きの相互主義に基づく漸進的な非核化（CRID）

　一方，北朝鮮は核を放棄などせず，また最早，核問題が一夜にして解決することなど不可能だとして，2018 年末に中国外務省アドバイザーでもある復旦大学教授シン・キアン（Xin Quiang）の議論がメディアで報じられて話題になった[14]。シン・キアンの提案とは，条件付きの相互主義に基づく漸進的な非核化（conditional, reciprocal, incremental denuclearization: CRID）と名付けられている。

　トロラヤ（Georgy Toloraya）はこの CRID を解説して，非核

---

(12)　*Ibid.*

(13)　John Mecklin, "Sig Hecker: "A major positive" if Kim Jong-un dismantles Yongbyon," *Bulletin of the Atomic Scientists*, October 3, 2018.

(14)　*Bloomberg*, November 28, 2018.

化のロードマップが①CTBT批准と合意された検証・監視手続きのもとに，全ての核実験関連施設を閉鎖・破棄し，②核兵器の製造を停止し，また③IAEAの監督下で全ての核兵器生産施設を機能停止・解体し，④ICBMの開発を中心とした核兵器関連の設計・研究活動を終了させ，⑤兵器用核分裂性物質の生産及び当該分野の研究活動を終了させ，そして幾つかの施設の閉鎖から最終的な解体，核のストックパイルの制限及び削減へと進むだろうと指摘する[15]。また，この過程での検証については，それが原因で非核化プロセスがつまずくことは避けるべきであり，仮に検証が完全に行えずとも状況はいずれ改善されるであろうこと，さらに米国の姿勢についても北朝鮮の行動に同調し，制裁の解除，朝鮮戦争終了の宣言，そして恒久的な平和条約へと至るべきだと指摘する[16]。

　CRIDはCVIDやFFVDの議論からすると，真逆のアプローチだと言わざるを得ない。しかし，CRIDが完全な申告に基づく不可逆性や検証可能性を相対的に重視しない一方で，前述したヘッカーらによる非核化と検証のタイムテーブルに似通ったアプローチを提唱した点は，興味深いと言えよう。

(4)　**検証可能な非核化の実現に向けて**

　朝鮮半島の非核化に対して，CVIDのスローガンのもとに取り組みを推進すること自体は六者会合以来の政治的合意であり，今後も継続して要求すべき事項である。しかし，それは同時に，

---

(15)　Toloraya, "From CVID to CRID: A Russian Perspective."
(16)　*Ibid.*

国際社会が別な局面において取り組んでいる，将来の核軍縮に
向けた核弾頭の解体・廃棄検証のための多国間プロセスとも，
今日，何らかの形でインタラクションがあって然るべきテーマ
だと言ってよいのではないだろうか。

● 核兵器の不可逆的な解体

　パーコヴィッチとアクトン（George Perkovich and James M.
Acton）によれば，一般論としての核兵器の解体の流れとは，
核兵器の非核部品を破壊すること，可能な限り核兵器として再
利用できない不可逆的な状態におくことに加えて，解体された
核弾頭に由来する核物質から機微な部分を取り除いた後に，
IAEA 保障措置のもとに置き，民生利用のために転換すること
だとされる[17]。また，核兵器を設計し，組み立て，維持管理し
てきた施設に関しては，これを解体するか，核兵器以外の目的
にしか活用できないよう，完全に転換してしまうことが求めら
れると指摘されている[18]。

　無論，北朝鮮の場合，その核兵器計画の全容が不明である以
上，まずは申告情報として，関連するデータの共有が必要不可
欠となる。また，検証・査察においては，非核化に無関係の北
朝鮮の機微情報を適切に保護したうえで，いかにして信頼関係
を樹立し，申告情報の正確性と完全性を確認するかが重要なポ
イントになる。

---

(17)　George Perkovich and James M. Acton, *Abolishing Nuclear Weapons*, Routledge, 2008, p.45.

(18)　*Ibid.*

●解体された核兵器の廃棄と検証

　こうした核兵器の解体の流れに関連して，必ずしも朝鮮半島の非核化を第一義に掲げたものではないものの，近年，核弾頭の解体廃棄検証（核軍縮検証）に向けた二国間・多国間協力が大きく進展している。これはもともと，冷戦後に米国とロシア，そして IAEA による，解体後の核弾頭から取り出した兵器用核分裂性物質の検証技術と，その法的枠組みの検討を行ったトライラテラル・イニシアチブが端緒となっている。

　トライラテラル・イニシアチブが核物質の属性検証システムを開発するとともに，その限界を明らかにした[19]のを皮切りに，2000 年からは米英 2 カ国による軍備管理検証技術協力[20]が開始され，具体的な核弾頭の解体・廃棄プロセスを想定した非破壊検査手法や，査察側と被査察国側とが合意可能な機微情報の保全のための情報バリア技術（information barrier）の検討などが行われた。

●英国＝ノルウェーイニシアチブ（UKNI）

　その後，非核兵器国が有する様々な検証関連技術やノウハウ

---

(19)　オーリ・ハイノネン「パネル討論：核兵器のない世界へ——我が国の核軍縮への貢献」日本原子力研究開発機構主催『原子力平和利用と核不拡散・核セキュリティに係る国際フォーラム——核セキュリティ・サミット以後の国際的なモメンタム維持及び核軍縮への技術的貢献』2017 年 1 月 17 日。

(20)　U.S. NNSA, U.K. MOD and AWE, "Joint U.S.-U.K. Report on Technical Cooperation for Arms Control," U.S. Department of Energy, October 2017, p.1.

図2　想定される核弾頭の解体廃棄シナリオ

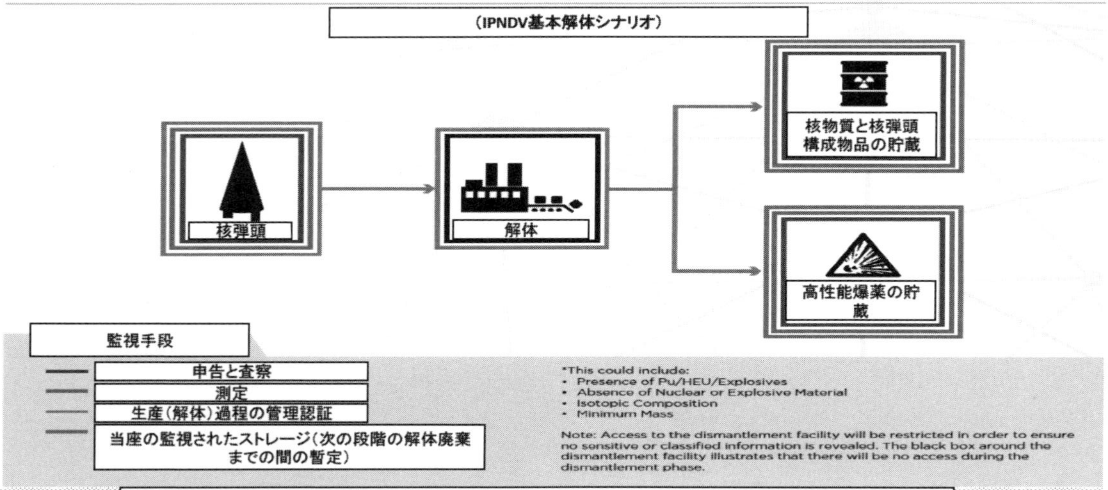

（IPNDV基本解体シナリオ）

監視手段

――――　申告と査察
――――　測定
――――　生産（解体）過程の管理確認証
――――　当座の監視されたストレージ（次の段階の解体廃棄
　　　　　までの間の暫定）

核弾頭 → 解体 → 核物質と核弾頭構成物品の貯蔵 / 高性能爆薬の貯蔵

*This could include:
・Presence of Pu/HEU/Explosives
・Absence of Nuclear or Explosive Material
・Isotopic Composition
・Minimum Mass

Note: Access to the dismantlement facility will be restricted in order to ensure no sensitive or classified information is revealed. The black box around the dismantlement facility illustrates that there will be no access during the dismantlement phase.

出典：以下の資料を基に筆者翻訳。International Partnership for Nuclear Disarmament Verification, Phase I Summary Report: Creating the Verification Building Blocks for Future Nuclear Disarmament, November 2017, p.5.

も取り入れることが重要だとして，2007年から新たに英国＝ノルウェーイニシアチブ（UKNI）が開始された。UKNIでは検証技術への信頼性・信憑性，検証機器の認証，検証対象国（被査察国）の協力度と検証結果との相関性，資源集約的な検証を背景とする検証対象国への侵入度の問題を巡り，検討が行われた[21]。

UKNIは2016年からスウェーデンと米国も参加する四カ国核検証パートナーシップへと移行し，検証技術や手続きの開発に加えて，核兵器備蓄庫を用いた多国間実働演習も行われるに至っている。

● 核軍縮検証のための国際パートナーシップ（IPNDV）

一方，米国のイニシアチブで2014年に開始された核軍縮検証のための国際パートナーシップ（IPNDV）では，核弾頭の解体シナリオを明確化（図2を参照）し，全14段階からなる核兵器のライフサイクルに適応した解体廃棄と検証の枠組みを取りまとめた（図3を参照）。

こうした新たな知見や技術開発には多くの注目すべき点がある一方で，現時点においては具体的な核軍備管理・核軍縮合意の締結には結びついていない。しかし，朝鮮半島の非核化のような，前例のない難事業に取り組むにあたり，かかる新たな知見や技術がもたらす可能性には大いに期待したいところである。

---

(21)　David Cliff, Hassan Elbahtimy and Andreas Persbo, "Verifying Warhead Dismantlement: Past, Present, Future," *VERTIC Research Reports*, No.9（September 2010）, p.11.

図 3 核兵器のライフサイクル (14 ステップ)

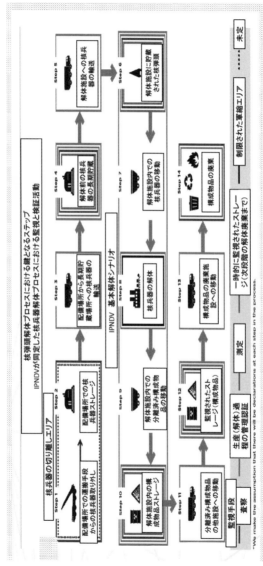

出典：以下の資料を基に著者翻訳。 "Working Group 1 - Deliverable One A Framework Document with Terms and Definitions, Principles, and Good Practices Working Group 1: Monitoring and Verification Objectives," IPNDV. November 2017.

●非核化への政治的・技術的課題

こうした新たな核弾頭の廃棄検証の検討のための枠組みや，開発された検証技術・手続きは，いずれもアイデアとして素晴らしいものであり，将来，朝鮮半島非核化協議が進み，或いはよりグローバルな核兵器国間での核軍縮交渉が実現する時期が来れば，それらが大きな助けになる可能性があると言えよう。しかしながら，朝鮮半島の非核化しかり，検証可能な核軍縮しかり，いずれも高度に政治的な問題であり，技術や手続きの整備だけで合意が進展する性質のものではないことにも注意は必要である。

こうした一方で，近年の国際安全保障環境は，朝鮮半島の非核化を推し進めるタイミングとして，決して好適なものではないことも事実であろう。目下，世界的な核兵器の近代化競争が展開され，米露の核軍備管理条約も風前の灯火の状況にある[22]。また，その是非は別としても，NPT の5核兵器国以外で核兵器を保有したインドやパキスタン，イスラエルといった国々に米国が非核化を要求している訳でもないなか，なぜ北朝鮮だけが非核化を迫られ続けるのか，という反発も予想される。

一度でも核兵器システムを保有してしまえば，自発的に非核化を選択する以外に，それらを武装解除する現実的な手立てはないに等しいとの見方もある。実際に，第一次核危機に際して，北朝鮮への武力攻撃を検討したペリー元米国国防長官は，現在

---

(22)　Alexey Arbatov, "Mad Momentum Redux? The Rise and Fall of Nuclear Arms Control," *Survival*, Vol.61, No.3（June-July 2019），p.9.

の北朝鮮に攻撃を仕掛けた場合，その付帯的被害は当時のそれと比べて桁違いに大きくなるだろうと指摘する[23]。即ち，核武装を解除するための外科的な攻撃には多大なリスクを伴うと考えるべきであろう。

　一方，非核化プロセスは多くの時間を要する一大事業である。北朝鮮側の協力の度合いにもよるが，本書で取り上げた専門家の見解によれば，少なくとも一朝一夕に実現できるものではない。他方，現在の膠着した非核化交渉が長期化すればするほど，北朝鮮の保有する核兵器が増大するとの見通しもある。そうなれば，朝鮮半島の非核化問題が，グローバルな核軍縮議論の縮図とも呼べる状況に近づく可能性も否定できない。

---

(23)　太田「北朝鮮の核問題を解決する道はどこにあるのか」58 頁。

おわりに

　2020年夏の時点で，米朝協議は実質的にスタックしており，また検証可能な非核化交渉への歩みにも進展は見出せない状況が続いている。

　本書で検討してきたとおり，既に少なくない数の核兵器の保有が推測され，戦略運搬手段の高度化に邁進する北朝鮮に対しては，政治的な議論は兎も角として，ある程度は段階を踏んだ非核化プロセスの追求が避けられない可能性が高いと考えられる。また，その非核化アプローチにおいては，「何を重視するのか」が改めて問われることになるのではないだろうか。具体的には，朝鮮半島を巡り，核兵器の使用も含む武力衝突を回避しつつ，しかし，北朝鮮の核リスクを削減できるような非核化アプローチが求められるのではないか。

　このとき，非核化ロードマップ上での合意の履行状況を適切に検証する手段は不可欠であり，有効かつ効率的に検証・査察活動を実施するには，北朝鮮の協力的姿勢も重要となる。非核化への見返りも避けて通れない議論であろう。不可逆的な非核化という意味では，リビアモデルの負のイメージを払拭できるような，長期的な安全の保証が要求される可能性は高い。核兵器保有の国内的要因にも目を向ければ，十分な経済的支援の提供も欠かせないであろう。さらには検証可能な非核化という観点からすれば，主権国家として非核化に無関係な機微情報が適切に保護されるよう，検証メカニズムを北朝鮮と関係国や

IAEA など各機関が構築し，情報共有する必要がある。

　米国大統領選の行方も睨みつつ，国際社会や関係各機関の英知を集め，前例なき難事業である朝鮮半島非核化に向けた検討の継続が求められていると言えよう。

（2020 年 7 月末日脱稿)

参考文献（一次資料，時系列順）

和　文

- 『外交青書』外務省，2004 年。
- 「第 2 回六者会合（概要と評価）」外務省，2004 年 3 月 1 日。
- 「北朝鮮の核問題に関する第 3 回六者会合（概要と評価）」外務省，2004 年 6 月 27 日。
- 「共同声明の実施のための初期段階の措置（仮訳）」外務省，2007 年 2 月 13 日。
- 「共同声明の実施のための第二段階の措置（仮訳）」外務省，2007 年 10 月 3 日。
- 「第 6 回六者会合に関する首席代表者会合（概要）」外務省，2008 年 7 月。
- 「第 6 回六者会合に関する首席代表者会合（概要）」外務省，2008 年 12 月。
- 「六者会合に関する議長声明（仮訳）」外務省，2008 年 12 月 11 日。
- 「包括的核実験禁止条約機関（CTBTO）によるプレスリリース（仮訳）：CTBTO による 2 月 12 日の北朝鮮により発表された核実験と一致する放射性核種の検知」外務省，2013 年 4 月 23 日。

英　文

U.S. Office of the Press Secretary, "President Delivers State of the Union Address," The White House, January 29, 2002.

"S/RES/1718 (2006)," United Nations Security Council, October 14, 2006.

"Fact Sheet: U.S.-North Korea Understandings on Verification," U.S. Department of State, October 11, 2008.

"UK Arms Control Verification Programme," UK Ministry of Defense, NPT/CONF.2010/WP.41.

U.S. Office of the Press Secretary, "2015 United States-Republic of Korea Joint Statement on North Korea," The White House, October

16, 2015.

"NNSA Leads U.S. Participation in International Nuclear Verification Initiative," U.S. National Nuclear Security Administration, November 16, 2017.

"Panmunjom Declaration for Peace, Prosperity and Unification of the Korean Peninsula (2018.4.27)," Ministry of Foreign Affairs, Republic of Korea, September 11, 2018.

"Joint Statement of President Donald J. Trump of the United States of America and Chairman Kim Jong Un of the Democratic People's Republic of Korea at the Singapore Summit," The White House, June 12, 2018.

表 2　北朝鮮の核実験とミサイル発射試験 (2006 年〜2020 年)

	核実験（日時）	ミサイル発射試験	射程距離	属性	発射回数
2006 年	第 1 回核実験（10 月 9 日）	テポドン 1（白頭山 1 号，銀河 1 号）	4,000-10,000km（2 段式）10,000+（3 段式）	衛星打ち上げ	1 回
		スカッド-C（火星 6）	500km	短距離弾道ミサイル	2 回
		ノドン	1,200-1,500km	中距離弾道ミサイル	4 回
2007 年					
2008 年					
2009 年	第 2 回核実験（5 月 25 日）	テポドン 2（銀河 2 号）	4,000-10,000km（2 段式）10,000+（3 段式）	衛星打ち上げ	1 回
		スカッド-C（火星 6）	500km	短距離弾道ミサイル	5 回
		ノドン	1,200-1,500km	中距離弾道ミサイル	2 回
2010 年					
2011 年					
2012 年		テポドン 2（銀河 3 号）	4,000-10,000km（2 段式）10,000+（3 段式）	衛星打ち上げ	2 回
2013 年	第 3 回核実験（2 月 12 日）	KN-02	120-170km	短距離弾道ミサイル	6 回
2014 年		スカッド-C（火星 6）	500km	短距離弾道ミサイル	9 回
		スカッド-B（火星 5）	300km	短距離弾道ミサイル	4 回
		ノドン	1,200-1,500km	中距離弾道ミサイル	2 回
		KN-02	120-170km	短距離弾道ミサイル	2 回
2015 年		スカッド-C（火星 6）	500km	短距離弾道ミサイル	2 回
		北極星 1（KN-11）	1,200km	潜水艦発射型弾道ミサイル	3 回
		KN-02	120-170km	短距離弾道ミサイル	10 回
2016 年	第 4 回核実験（1 月 6 日）	テポドン 2（銀河 3 号）	4,000-10,000km（2 段式）10,000+（3 段式）	衛星打ち上げ	1 回
		スカッド-C（火星 6）	500km	短距離弾道ミサイル	4 回
		北極星 1（KN-11）	1,200km	潜水艦発射型弾道ミサイル	3 回
	第 5 回核実験（9 月 9 日）	ノドン	1,200-1,500km	中距離弾道ミサイル	5 回
		ムスダン	2,500-4,000km	中距離弾道ミサイル	8 回
		スカッド ER	800km-1,000km	中距離弾道ミサイル	3 回
2017 年		名称不明			1 回
		スカッド-C MaRV		短距離弾道ミサイル	1 回
		スカッド-B MaRV		短距離弾道ミサイル	3 回
		北極星 2（KN-15）	1,200-2,000km	中距離弾道ミサイル	2 回
		火星 15	8,500-13,000km	大陸間弾道ミサイル	1 回
		火星 14	10,000+km	大陸間弾道ミサイル	2 回
		スカッド ER	800km-1,000km	中距離弾道ミサイル	5 回
2018 年					
2019 年	第 6 回核実験（9 月 3 日）	北極星 3	（推定値）1,900km	潜水艦発射型弾道ミサイル	1 回
		超大型放射砲 KN-25	380km	短距離弾道ミサイル	9 回
		KN-24		短距離弾道ミサイル	4 回
		KN-23	690km	短距離弾道ミサイル	8 回
2020 年		KN-25		短距離弾道ミサイル	5 回
		KN-24		短距離弾道ミサイル	2 回

出典：以下の先行研究，文献をもとに筆者作表。なお，ミサイルの発射回数や分類については，主に Nuclear Threat Initiative のデータを，また射程距離については Center for Strategic and International Studies の分析を参照した。"The CNS North Korea Missile Test Database," Nuclear Threat Initiative, March 24, 2020, nti.org/analysis/articles/cns-north-korea-missile-test-database/; Missile Defense Project, "North Korean Missile Launches & Nuclear Tests: 1984-Present," Missile Threat, Center for Strategic and International Studies, April 20, 2017, last modified March 25, 2020, https://missilethreat.csis.org/north-korea-missile-launches-1984-present/;「2020 年の北朝鮮による弾道ミサイル発射」防衛省，2020 年 3 月 27 日，mod.go.jp/j/approach/defense/northKorea/pdf/nk-20200327.pdf;「北朝鮮の人工衛星打ち上げ／弾道ミサイル発射実験」長崎大学核兵器廃絶研究センター，https://www.recna.nagasaki-u.ac.jp/recna/bd/files/DPRK_2016.1-2017.3_2.pdf;「北朝鮮の超大型放射砲は「KN25」弾道ミサイル，在韓米軍がコード名」『東亜日報（日本語）』2019 年 9 月 5 日。

表 3　ヘッカー博士らが提示した朝鮮半島非核化のロードマップとその検証の難易度

	特定の施設と活動	停止（短期：1年）	削減（中期：2〜5 年）	廃棄或いは上限設定（長期：6〜10 年）	検証の難易度（備考）
核兵器	核兵器庫	上限を課す	申告と削減	廃棄と検証，NPT 再加盟	難易度高。（削減までは米ロ核軍備管理で前例があるが，核弾頭の廃棄検証は前例がない。）
核兵器の開発関係者	科学者や技術者	操業停止を支援	人員削減を支援	民生用プログラムへの切り替え	（いずれも冷戦後のロシア非核化支援・国際科学技術センター（ISTC）設置で前例あり。）
核実験	核実験	モラトリアム・一次停止	禁止	禁止（CTBT 署名）	（米中も批准していないため，前提としてこれらの国々が批准することが望ましい。）
	トンネル	活動一次停止	閉鎖	破壊	（完全な申告が不可欠。）
	核実験インフラ	活動一次停止	解体	解体と検証	難易度中。（完全な申告が不可欠であり，検証も相応に侵入度が高い。）

ミサイル 発射試験	中距離弾道ミサイルと大陸間弾道ミサイル	モラトリアム・一次停止	申告，無能力化と監視	ミサイル破壊と開発中止	（完全な申告が不可欠。）
	潜水艦発射型弾道ミサイルと固体ロケットモーター	モラトリアム・一次停止	申告，無能力化と監視	ミサイル破壊と開発中止	（完全な申告が不可欠。）
	新たなエンジン試験	一次停止	停止と監視	試験と開発の禁止	特記事項なし。
	短距離及び中距離ミサイル	短期的な一次停止	未定（許容上限を設定）	未定（許容上限を設定）	特記事項なし。
	宇宙ロケット打ち上げ基	短期的な一次停止	未定（手順の策定）	未定（受け入れ可能な上限を設定）	特記事項なし。
プルトニウム	在庫量	上限を課す	上限を課し，申告と監視	廃棄	（完全な申告が不可欠。）
	5MWe 炉	停止	分解	解体	特記事項なし。
	軽水炉	停止	査察，未定	未定	特記事項なし。
	IRT-2000 研究炉	停止	分解	解体，ことによると置換	特記事項なし。
	再処理施設	運用中止	フロントエンドの分解	分解と解体	特記事項なし。
	金属燃料製造施設	運用中止	分解	解体	特記事項なし。
水爆用 核分裂性 物質	トリチウム	原子炉停止	原子炉とホットセルの分解	廃棄	特記事項なし。
	リチウム 6	生産停止	生産施設を分解	廃棄	特記事項なし。
濃縮 ウラン	濃縮ウラン在庫量	制限（支援施設の停止）	上限を課し，申告と監視	廃棄	（完全な申告が不可欠。）
	寧辺の遠心分離施設	停止と査察	査察，未定	未定	特記事項なし。
	秘密の遠心分離施設	制限（支援施設の停止）	申告と査察	廃棄	難易度中。（完全な申告が不可欠であり，検証も相応に侵入度が高い。）
核不拡散	核及びミサイル技術移転	輸出を行わない旨の誓約	輸出不可，MTCR 加盟	輸出不可，MTCR 加盟	特記事項なし。

出典：以下の資料を翻訳し，検証の難易度について新たに著者加筆。Siegfried S. Hecker, Robert L. Carlin and Elliot A. Serbin, "A Comprehensive History of North Korea's Nuclear Program," Stanford Center for International Security and Cooperation Freeman Spogli Institute, May 28, 2018.

▨	廃棄すべき重要事項
▨	柔軟な管理も可能な事項

〈著者紹介〉

一政 祐行（いちまさ　すけゆき）

　防衛研究所 政策研究部防衛政策研究室 主任研究官
　専門分野は軍備管理，軍縮・不拡散，安全保障論。2000 年に国際基督教大学卒業，2007 年に大阪大学大学院国際公共政策研究科博士後期課程を修了。博士（国際公共政策）。在ウィーン国際機関日本政府代表部専門調査員，公益財団法人日本国際問題研究所軍縮・不拡散促進センター研究員等を経て，2010 年に防衛研究所入所，2012 年より現職

〈主著〉
・『核実験禁止の研究──核実験の戦略的含意と国際規範』（信山社，2018 年。2019 年度国際安全保障学会第 31 回最優秀出版奨励賞〔佐伯喜一賞〕受賞）
・「非伝統的安全保障課題としての CBRN に対する 2 国間・多国間協力の展望」神余隆博・星野俊也・戸﨑洋史・佐渡紀子（編）『安全保障論 平和で公正な国際社会の構築に向けて──黒澤満先生古稀記念』（信山社，2015 年）
・日本軍縮学会（編）『軍縮辞典』（編纂委員／分担執筆，信山社，2015 年）
・「核兵器のない世界を巡る日米関係」簑原俊洋（編）『戦争で読む日米関係100 年──日露戦争から対テロ戦争まで』（朝日新聞出版，2012 年）
・「日本と核兵器問題」簑原俊洋（編）『ゼロ年代 日本の重大論点』（柏書房，2011 年）
・"Japan's Nuclear Disarmament and Non-Proliferation Policy Multilateral Approaches, Regional Efforts and Region-to-Region Cooperation," in Eric Remacle and Takako Ueta, eds., *Tokyo-Brussels Partnership: Security, Development and Knowledge-based Society*, Bruxelles: Peter Lang Publishing Group, 2008
・「核実験の禁止と検証」浅田正彦・戸﨑洋史（編）『核軍縮不拡散の法と政治』（信山社，2008 年）

信山社ブックレット

検証可能な **朝鮮半島非核化**は 実現できるか

2020(令和2)年8月30日　第1版第1刷発行

©著者　　一　政　祐　行
発行者　　今井　貴・稲葉文子
発行所　　株式会社 信　山　社

〒113-0033　東京都文京区本郷 6-2-9-102
Tel 03-3818-1019　Fax 03-3818-0344
笠間才木支店　〒309-1611 茨城県笠間市笠間 515-3
Tel 0296-71-9081　Fax 0296-71-9082
笠間来栖支店　〒309-1625 茨城県笠間市来栖 2345-1
Tel 0296-71-0215　Fax 0296-72-5410
出版契約 No.2020-8152-01011

Printed in Japan, 2020 印刷・製本 ワイズ書籍(M)／渋谷文泉閣
ISBN978-4-7972-8152-1 C3332 ¥1000E 分類 329.401
p.112 8152-01011:012-015-005

◆国際法先例資料集－不戦条約
【日本立法資料全集】 柳原正治 編著

◆プラクティス国際法講義 (第2版)
　　柳原正治・森川幸一・兼原敦子 編

◆《演習》プラクティス国際法
　　柳原正治・森川幸一・兼原敦子 編

◆国際法研究 ［最新第4号 2016.3刊行］
　　岩沢雄司・中谷和弘 責任編集

◆ロースクール国際法読本
　　中谷和弘 著

◆実践国際法 (第2版)
　　小松一郎 著

──── 信山社 ────

現代選書シリーズ

未来へ向けた、学際的な議論のために、
その土台となる共通知識を学ぶ

黒澤　満　著　核軍縮入門

加納雄大　著　環境外交

加納雄大　著　原子力外交

中村民雄　著　EUとは何か（第3版）

畠山武道　著　環境リスクと予防原則 I
　　　　　　　－リスク評価〔アメリカ環境法入門〕

畠山武道　著　環境リスクと予防原則 II
　　　　　　　－予防原則論争〔アメリカ環境法入門2〕

森井裕一　著　現代ドイツの外交と政治

三井康壽　著　大地震から都市をまもる

三井康壽　著　首都直下大地震から会社をまもる

林　陽子　編著　女性差別撤廃条約と私たち

森本正崇　著　武器輸出三原則入門

高　翔龍　著　韓国社会と法

初川　満　編　国際テロリズム入門

初川　満　編　緊急事態の法的コントロール

森宏一郎　著　人にやさしい医療の経済学

石崎　浩　著　年金改革の基礎知識（第2版）

信山社

核実験禁止の研究
―核実験の戦略的含意と国際規範―
一政祐行 著

核軍縮は可能か／黒澤満 著
軍縮辞典／日本軍縮学会 編
軍縮・不拡散の諸相 ― 日本軍縮学会設立 10 周年記念
　／日本軍縮学会 編
安全保障論―平和で公正な国際社会の構築に向けて
　― 黒澤満先生古稀記念
　　／神余隆博・星野俊也・戸崎洋史・佐渡紀子 編
核軍縮不拡散の法と政治 ― 黒澤満先生退職記念
　／浅田正彦・戸崎洋史 編

信山社